ESTE LIVRO É GAY
– e hétero, e bi, e trans...

ESTE LIVRO É GAY

– e hétero, e bi, e trans...

JUNO DAWSON

ILUSTRAÇÕES DE SPIKE GERRELL

Tradução: Rafael Mantovani
Revisão técnica e adaptações: Vitor Angelo

Este livro é dedicado a todas as pessoas que já se questionaram sobre isso.

Esta obra foi publicada originalmente em inglês com o título THIS BOOK IS GAY, por Hot Key Books Ltd., Londres.
Copyright © 2014, Juno Dawson, para o texto.
Copyright ©2014, Spike Gerrell, para as ilustrações.
Copyright © 2015, Editora WMF Martins Fontes Ltda., São Paulo, para a presente edição.

Juno Dawson tem os direitos morais garantidos como autora desta obra. Todos os direitos reservados. Este livro não pode ser reproduzido, no todo ou em parte, armazenado em sistemas eletrônicos recuperáveis nem transmitido por nenhuma forma ou meio eletrônico, mecânico ou outros, sem a prévia autorização por escrito do editor.

1ª edição 2015
2ª edição 2023

Tradução Rafael Mantovani
Revisão técnica Vitor Angelo
Acompanhamento editorial Fabiana Werneck
Revisões Maria Fernanda Alvares
Marisa Rosa Teixeira
Ana Caperuto
Capa Jet Purdie (editada e atualizada por Matt Jones)
Projeto gráfico Dan Bramall
Produção gráfica Geraldo Alves
Paginação Studio 3 Desenvolvimento Editorial

Dados Internacionais de Catalogação na Publicação (CIP)
(Câmara Brasileira do Livro, SP, Brasil)

Dawson, Juno
 Este livro é gay : e hétero, e bi, e trans – / Juno Dawson ; ilustração Spike Gerrell ; tradução Rafael Mantovani ; revisão técnica e adaptações Vitor Angelo. – 2ª ed. – São Paulo : Editora WMF Martins Fontes, 2023.

Título original: This book is gay.
ISBN 978-85-469-0431-0

1. Bissexualidade – Literatura juvenil 2. Homossexualidade – Literatura juvenil 3. Pessoas transgênero – Literatura juvenil I. Gerrell, Spike. II. Angelo, Vitor. III. Título.

22-138570   CDD-028.5

Índice para catálogo sistemático:
1. Literatura juvenil 028.5

Aline Graziele Benitez – Bibliotecária – CRB-1/3129

Todos os direitos desta edição reservados à
Editora WMF Martins Fontes Ltda.
Rua Prof. Laerte Ramos de Carvalho, 133 01325-030 São Paulo SP Brasil
Tel. (11) 3293-8150 e-mail: info@wmfmartinsfontes.com.br
http://www.wmfmartinsfontes.com.br

SUMÁRIO

Bem-vindo ao clube dos membros	07
Qual é o nome disso?	21
Nossa biologia inconfundível	43
Estereótipos são um cocô	53
O medo	77
As inimigas vão odiar	99
Saindo do armário	123
Onde encontrar pessoas como você	147
Sexo gay, por dentro e por fora	175
Acasalamento	213
Chapéus	239
Um guia para reconhecer seus santos e santas gays	245
Construindo uma ponte	261
A cola da prova	269
Telefones, sites e outras coisas úteis	274
Agradecimentos	277
Sobre a autora	278

Prefácio

Boas-vindas à nova edição de *Este livro é gay*! Lançado originalmente em 2014, ele se espalhou pelo mundo. Foi traduzido para mais de dez idiomas; foi banido no Alasca; virou manchete no Reino Unido.

Ainda mais importante é que recebi centenas e centenas de cartas, tweets e e-mails de todo o planeta – de jovens e de seus pais, pedindo orientação ou me agradecendo por ter escrito este livro. Esse era o meu sonho ao publicá-lo, portanto é um sonho realizado.

Mas o mundo não para de girar, e ficou claro que alguns dos "fatos" da edição anterior estavam ficando defasados rapidamente. Esta edição revisada leva em conta as mudanças na percepção de questões acerca de sexualidade e de gênero. Também recebi retornos de algumas pessoas leitoras que se sentiram excluídas ou deixadas de lado, o que jamais foi minha intenção.

Minha vida também mudou. Tenho vivido como James e Juno, tenho novas perspectivas de vida como uma mulher transgênero.

Em tempos desafiadores, é fundamental ficarmos unidos como uma comunidade e apoiarmos uns aos outros. Tudo começa com gentileza, compaixão e você.

Juno Dawson

CAPÍTULO 1
BEM-VINDO AO CLUBE DOS MEMBROS

Lição número um

- Às vezes homens são a fim de homens.
- Às vezes mulheres são a fim de mulheres.
- Às vezes mulheres são a fim de homens e mulheres.
- Às vezes homens são a fim de mulheres e homens.
- Às vezes pessoas não são a fim de ninguém.
- Às vezes um homem pode querer ser mulher.
- Às vezes uma mulher pode querer ser homem.

Entendeu? Na verdade é simples assim.

Eu poderia terminar a lição aqui, mas não acho que umas poucas páginas dariam um livro muito bom, por isso é melhor eu me aprofundar um pouco...

BEM-VINDO AO CLUBE DOS MEMBROS

Existe uma velha piada que diz que uma jovem lésbica, ou um cara gay, ou alguém bissexual ou trans, deveria receber um cartão de membro e um manual de instruções quando "sai do armário".

ESTE LIVRO É ESSE MANUAL DE INSTRUÇÃO.

Seja bem-vindo. Mas este é um manual para todo o mundo – qualquer que seja o seu gênero ou preferência sexual.

Na escola provavelmente você não aprendeu muito sobre como é ser lésbica, gay, bissexual, trans ou questionado. Talvez você já tenha ouvido falar de pessoas gay famosas ou visto casais do mesmo sexo na TV. Você quase com certeza conhece uma pessoa LGBTQIA+, mesmo que não saiba disso. Como se fosse uma "invasão alienígena", nós já estamos entre vocês. Atendemos você na agência dos Correios, ensinamos matemática, fritamos batata na lanchonete.

Então por que não ensinamos sobre casais do mesmo sexo nas aulas de educação sexual? Por que não ensinamos que muitas pessoas escolhem seu gênero? Bem, eu fui professora de PSHCE[1] por um bom tempo e sempre ensinei aos meus alunos essas coisas, mas nem todas as escolas fazem isso, e nem todos os professores sabem como fazer – não há NENHUM treinamento para isso, infelizmente.

---

1. Personal, Social, Health and Citizenship Education [Educação pessoal, social, de saúde e cidadania], matéria curricular do ensino fundamental e médio no Reino Unido. (N. do T.)

Fiz uma pesquisa com um grupo de mais de trezentas pessoas jovens em 2012, e 95% disseram que sua escola não ensinava NADA sobre sexo gay nas aulas de educação sexual. O sexo entre homens e mulheres era corriqueiramente apresentado como "a norma".

Essa falta de ensino significa que um monte de jovens – gay, hétero ou bi; trans ou cis – tem uma enxurrada de dúvidas sobre como é ser LGBTQIA+. Este livro traz algumas das respostas. Se você acha que talvez seja LGBTQIA+, que é hétero mas não tem certeza, ou está entre um e outro, este livro é para você.

Sua sexualidade ou gênero é uma coisa muito individual, mas sabia que existem muitas pessoas que já passaram por tudo isso, e podem ajudar você a percorrer este caminho meio tortuoso?

Perceber que a sua identidade sexual ou de gênero não é exatamente a NORMA pode ser um momento de confusão, empolgação, alegria, preocupação e, sinceramente, perplexidade. Muito antes de você "sair do armário" e contar para as pessoas sobre sua identidade, é só você e o seu cérebro tentando entender o que acontece, portanto esse pode ser um momento solitário, muitas vezes acompanhado por música chorosa e lápis demais nos olhos.

Minha experiência anterior como homem gay branco atualmente como mulher trans branca não é representativa de todos os homens gay ou de todas as mulheres trans, muito menos dos milhares de mulheres gay, homens e mulheres bissexuais e pessoas trans que talvez estejam lendo este livro. Portanto, antes de escrevê-lo, saí à procura de dezenas de outras pessoas LGBTQIA+ para compartilhar as experiências delas com você. Sozinhos, nunca podemos saber de tudo, mas juntos somos bastante sábios, como o babuíno do filme *O rei leão*.

Não editei nem alterei os depoimentos das pessoas LGBTQIA+ neste livro, por isso talvez você não se identifique nem concorde com tudo o que elas têm a dizer, E PODE DISCORDAR NUMA BOA. Precisamos falar de sexualidade e identidade de um jeito que não seja histérico. Sexualidade e gênero são experiências individuais; as pessoas têm direito de ter opiniões, e é essencial podermos cometer erros. Entendo que identidade é uma questão que gera sentimentos muito fortes em algumas pessoas. Isso também é uma coisa boa – foi o ativismo que nos trouxe até aqui –, mas, se as pessoas não tiverem permissão de dizer o que realmente pensam por medo de incomodar as outras, vamos acabar nunca falando nada.

Resumindo, precisamos ser capazes de rir de nós mesmos, qualquer que seja nossa identidade, ou então estaremos condenados a uma vida penosa e arrastada. Por isso aviso que *Este livro é gay* não é totalmente sério o tempo todo (embora de fato vamos lidar com alguns assuntos MEGADEPRIMENTES).

Este livro é diferente de um monte de livros didáticos mal--humorados sobre política de gênero e sexualidade que existe por aí. Este livro é sério, mas também é divertido e engraçado.

A ideia de sair do armário é justamente ter a LIBERDADE de ser quem nós somos. Quando é que isso deixou de ser DIVERTIDO?

Se você é novo no clube, deu sorte, porque ser L ou G ou B ou T ou + é SUPERDIVERTIDO. Você agora é LIVRE e não precisa se ESCONDER.

Como quer que você se identifique quando terminar de ler este livro, vai ver que não está só. Longe disso: você está entrando para um vasto coletivo de pessoas legais, felizes, inspiradoras, cada uma com uma história para contar.

É o clube exclusivo mais *cool* da cidade, e você pode passar direto pela corda de veludo e entrar no *lounge* VIP.

Você não está isolado, você faz parte de uma coisa maior. Uma coisa incrível.

OLÁ, IDEIAS SEXUAIS

Vamos iniciar pelo comecinho (um ótimo passo, não é?). Imagino que você está lendo este livro por um entre diversos motivos. Talvez seja porque você já se identifica como LGBTQIA+ (e, vamos admitir, o que a gente mais adora é falar sobre isso). Talvez você tenha curiosidade de saber o que a gente apronta embaixo dos lençóis. Quem sabe você está zoando o livro porque tem a palavra "gay" no título (que vergonha, hein?). Mas talvez, só talvez, você tenha aberto este livro porque está COM DÚVIDAS.

Tudo começa quando a pessoa fica cheia de perguntas.

Perguntando-se como seria beijar aquele menino, ou como são os seios daquela menina, como seria a vida se você fosse uma menina e não um cara. É tudo um monte de perguntas hipotéticas.

ESTAS PERGUNTAS SÃO PERFEITAMENTE NATURAIS, MAS NUNCA SÃO INCENTIVADAS.

Um dia eu estava tomando sol no parque. Na toalha de piquenique ao lado da minha, uma mãe estava falando com o filho pequeno sobre as coisas que ele poderia fazer quando fosse mais velho. A conversa era mais ou menos assim:

Menino: Dirigir um carro!

Mãe: Sim!

Menino: Ir trabalhar que nem o papai!

Mãe: Sim!

Menino: Beijar!

Mãe: Sim! Meninas... você vai beijar meninas.

Depois que eu arranquei o moleque da mão dela e o deixei com uma assistente social (ok, eu não fiz isso, mas deveria ter feito alguma coisa além de soltar um *tsk tsk* muito alto), fiquei triste pensando em como a heterossexualidade ainda é o PADRÃO no século XXI.

As pessoas assumem que todos os bebês nascem hétero e ficam para sempre no seu gênero de nascença, a não ser que alguma coisa dê errado. Isso NÃO é verdade.

- Em 2017, havia uma estimativa de 1,1 milhão de pessoas no Reino Unido acima dos dezesseis anos que se identificavam como gays, lésbicas ou bissexuais. Isso é aproximadamente 2% da população.

- Há uma estimativa de 9 milhões de pessoas LGBTQIA+ nos Estados Unidos em 2011.

- Em 2018, o governo do Reino Unido estimou que havia cerca de 200 a 500 mil pessoas transgênero vivendo no país. Isso é aproximadamente 0,7% da população. Infelizmente no Brasil, não existe nenhum dado oficial com o número de transgêneros no país.

E, mesmo assim, todo o mundo nasce automaticamente "hétero" e "cis" (o gênero que recebemos quando nascemos, com base em nossos órgãos sexuais).

Vamos pensar primeiro na sexualidade. Alguém diz que você é hétero e você assume isso durante quase sua infância inteira, apesar de sentimentos bastante intensos na direção contrária. Você acredita que é hétero (afinal todo o mundo é, não?) até que os desejos sexuais começam a aparecer (assumindo que isso aconteça). Vamos chamar esses desejos em geral de IDEIAS SEXUAIS.

Costumamos passar a infância toda nos identificando como pessoas hétero, independentemente de nos sentirmos realmente hétero ou não, por isso nem sempre identificamos essas ideias sexuais. Mas parece bastante provável que, desde uma idade muito precoce, nós, pessoas LGBTQIA+, sentimos atração por pessoas do mesmo sexo, sejam pessoas que conhecemos ou pessoas brilhando na TV. (Bom, elas vão muito na academia, né?)

Eu queria saber em que estágio as pessoas LGBTQIA+ tiveram seus primeiros questionamentos relacionados à sua sexualidade OU a seu gênero. Por isso perguntei a centenas delas numa pesquisa.

Veja a figura 1. (Quem disse que estatísticas precisam ser chatas? Olhe que lindinho este gráfico!)

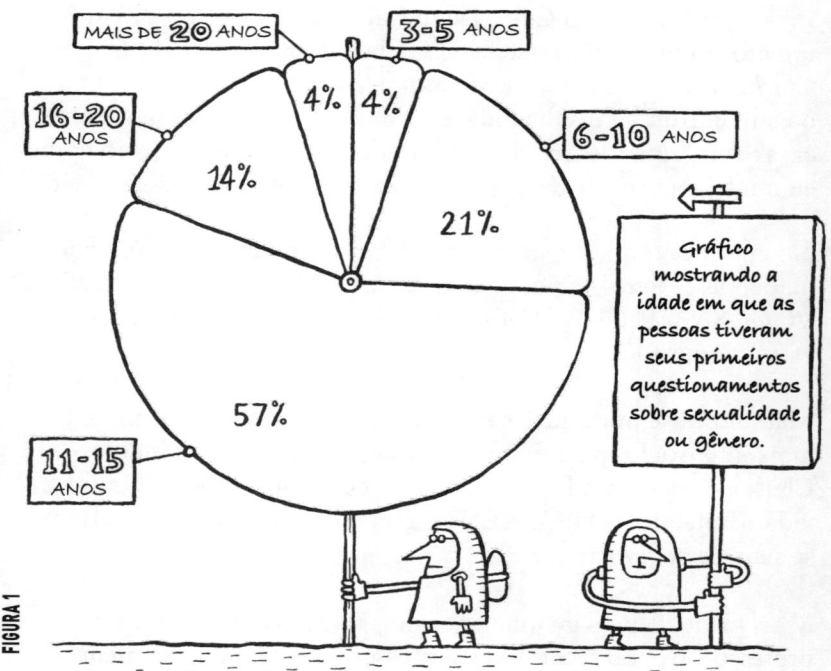

FIGURA 1

Como você está vendo, um quarto da amostra tinha ideias sexuais com pessoas do mesmo sexo e/ou pensamentos a respeito do seu gênero antes da puberdade e mais da metade durante a puberdade.

Isso faz sentido, pois a puberdade é a época em que ocorrem grandes mudanças. Uma delas é a mudança hormonal que nos conduz às relações sexuais. É nesse momento que muitas pessoas se dão conta de que os pensamentos atrevidos que elas têm no meio da noite são sobre pessoas cujas partes do corpo são iguais às nossas. ESCÂNDALO.

Para mim foi o Dean Cain. Dean Cain, caso você não saiba, é um ator muito bonito que fazia o Clark Kent no seriado *Lois e Clark: As novas aventuras do Super-Homem*. Até o dia em que o Cain entrou na minha vida, eu estava convencido de que ia me casar com uma menina da minha sala chamada Kelly (cujo nome eu mudei para protegê-la) porque ela era gentil, simpática e loira.

No entanto, o que eu sentia pelo Dean Cain (cujo nome eu *não* mudei neste livro – tipo, acho que JÁ ESTAVA NA HORA DE VOCÊ SABER QUE EU TE AMO) era MUITO diferente do que eu sentia pela Kelly.

Meu interesse por aqueles braços cobertos de *lycra* era muito mais intenso do que minha *simpatia* pela Kelly, e, quando o Clark estava com a Lois, eu sentia o ciúme mais forte da minha vida. (Entendo TOTALMENTE como os fãs do One Direction se sentem no Twitter.)

Mais tarde, depois de uma enorme paixão platônica por um professor, tive de reconhecer que esses sentimentos iam além da mera apreciação da forma masculina e eram, na verdade, ideias sexuais.

PUTZ!

Quando você se deparou pela primeira vez com ideias sexuais envolvendo o mesmo sexo, ou questionamentos sobre o seu gênero, talvez tenha tido a reação acima. Afinal, a sociedade, os filmes, a televisão, os jornais e os livros disseram a vida inteira que

HÉTERO = NORMAL

NÃO HÉTERO = NÃO NORMAL.

De repente você identificou uma ideia sexual diferente. E a maioria das pessoas não gosta do que é diferente, portanto você logo recebe o rótulo de NÃO NORMAL.

NÃO ENTRE EM PÂNICO.

Só porque as pessoas LGBTQIA+ são minoria, isso não quer dizer que elas não sejam NORMAIS. Pessoas de olhos azuis também são minoria, mas não pensamos nelas como anormais, certo? Não olhamos para o Jake Gyllenhaal e dizemos, OLHA QUE BIZARRO O OLHO AZUL DESSE CARA! Não, nós só olhamos para ele e choramos porque ele não pode ser nosso. De qualquer modo, quem é que decide o que é "normal" e o que não é? Que palavra horrorosa e excludente.

Você pode ter crescido não só na ausência de modelos de comportamento gay ou trans, mas também se deparando com homofobia ou transfobia real. Essas coisas podem causar uma preocupação enorme – principalmente numa época em que se depende do apoio da família. Você também pode ser uma das milhares de pessoas que nascem com ideias sobre o mesmo sexo num país onde é ilegal ter atividade sexual com parceiros do mesmo sexo. (Algumas pessoas acreditam que a atividade homossexual é contra sua religião. Vamos falar mais sobre isso no capítulo 6.)

Você provavelmente tem dúvidas. Eu tinha MONTANHAS de dúvidas. Ouvia BOATOS sobre o que dois homens faziam juntos. Você talvez tenha entendido errado algumas coisas – meu primeiro conceito de sexo lésbico era bastante equivocado. (Eu basicamente achava que era como lixar os peitos de duas bonecas Barbie, esfregando uma na outra.) Você talvez tenha visto informações soltas na TV e não saiba o que pensar. Acho bem provável que qualquer educação sexual que você tenha recebido na escola ensinou apenas como homens e mulheres fazem bebês juntos, sem nenhuma menção a pessoas transgênero.

POR QUE HÁ PESSOAS TRANSGÊNERO NESTE LIVRO?

Você tem razão de perguntar isso. "Lésbica", "gay", "bissexual" e as outras orientações de que falamos neste livro são relacionadas à sexualidade. Ser uma pessoa transgênero não tem nada a ver com a pessoa com quem você quer pular na cama sem roupa – é uma questão de gênero.

Pessoas trans e pessoas não héteros estão sujeitas a boa parte da mesma discriminação, incompreensão e maus-tratos porque muitos pensam que todos pertencemos ao mesmo grupo. De certo modo, pertencemos sim – e é por isso que muita gente usa "LGBTQIA+" como abreviatura para nossa comunidade inteira. Essa sigla inclui pessoas "trans", portanto este manual também deve incluí-las. Quando as pessoas fazem a transição de gênero, seus sentimentos sexuais podem mudar ou não. Isso significa que algumas pessoas transgênero também são gays ou lésbicas. Essas pessoas às vezes enfrentam tanto transfobia como TAMBÉM homofobia, por isso precisam de apoio em dobro.

Além do mais, se quiséssemos, poderíamos passar a vida inteira escondidos. Gostando ou não, eu era a fim dos meninos, mas poderia MUITO FACILMENTE ter mentido e fingido que curtia meninas. Eu poderia ter me casado com uma menina como a Kelly e sido bastante infeliz, mas em vez disso aceitei uma identidade e fiz algo a esse respeito. Assim como fazem todas as lésbicas, gays, pessoas bi, *queer* e curiosas. **E assim como fazem as pessoas transgênero.** Como na questão da diversidade sexual, as pessoas trans **poderiam** dizer "Isso me dá muito medo" e passar a vida inteira presas na identidade de gênero errada.

Então, sendo LGB ou T+, estamos todos tentando virar membros deste clube muito legal. E é por isso que estamos juntos neste mesmo barco, quer dizer, neste mesmo livro.

COISAS QUE NINGUÉM NUNCA DIZ

Quando você percebeu que era hétero?

Sua mãe sabe que você é hétero?

Quando você faz sexo hétero, um de vocês é a mulher?

Eu tenho outro amigo hétero – você quer que eu arranje um encontro entre vocês dois?

Foi tão divertido – nós fomos dançar numa balada hétero!

Eu fui num casamento hétero tão lindo no fim de semana.

Você acha que pessoas héteros podem ter filhos?

Não me incomodo em ver héteros se beijando, mas eles não precisam esfregar isso na nossa cara.[2]

2. Existe um lugar especial no Hades para TODAS as pessoas – gay, hétero ou o que for – que dão beijos com a língua à mostra ou barulhinhos de saliva em lugares públicos.

CAPÍTULO 2
QUAL É O NOME DISSO?

Então você talvez tenha IDEIAS SEXUAIS sobre pessoas do mesmo gênero que você, OU talvez tenha dúvidas a respeito do seu próprio gênero. Um monte de gente – incluindo pessoas que acabam se identificando como hétero e cis – tem essas ideias e dúvidas. Acho que é muito mais esquisito NUNCA ter pensado sobre isso. Eu só curto homens, mas já pensei várias vezes em fazer sexo com mulheres. Parece superdivertido... mas só... não é para mim. Eu bem que QUERIA ser mais pansexual.

Tudo isso é ok. O fato de você ter identificado suas ideias sexuais é sem dúvida a parte mais difícil, portanto pode se recompensar com um delicioso pão de queijo ou um pedaço de bolo.

MAS agora chegamos à parte em que você de fato precisa fazer uma escolha.

1. Você pode escolher não fazer nada. Pode deixar esses sentimentos na gaveta e torcer para eles desaparecerem.

2. Você pode reconhecer esses sentimentos e agir de acordo com eles – fazer o sexo que quer fazer ou vestir as roupas que quer vestir –, mas escolher não se definir.

3. Você pode agir de acordo com eles E adotar uma identidade para se definir. É nesse momento que você recebe o cartão de membro e se torna parte de uma comunidade.

Cacilda, esse lance de ser gay é muito mais complicado do que parecia assistindo a *Glee*.

Pessoas com atração pelo mesmo sexo ou incerteza sobre seu gênero às vezes param na primeira opção, mas acho que elas tendem a ser muito tristes e irritadas. (Também acho que vários homofóbicos ensandecidos estão perigosamente perto da opção 1, e é por isso que sentem tanto ódio. Freud chamava isso de "transferência". Isso basicamente significa que você odeia nos outros o que odeia em si mesmo.)

Mais pessoas escolhem a opção 2 – você pode fazer sexo com pessoas que são do mesmo gênero que você e não ser "gay" nem "lésbica" nem "bi". É por isso que muitos formulários (principalmente médicos) a serem preenchidos às vezes usam termos como "homens que fazem sexo com homens" etc.

Você tem pouca escolha sobre sua preferência sexual ou seu gênero, mas só você pode se definir. Esta é a opção 3: você fala abertamente e com orgulho sobre seus relacionamentos ou seu gênero. Viver com estresse e um monte de segredos é uma coisa angustiante e clandestina.

Rotular as coisas faz parte da natureza humana; se você está tendo ideias confusas, dar um nome à situação talvez faça você se sentir melhor, porque assim você pode ser parte de algo – uma rede maior de apoio – a International Haus of Gay, digamos. Apresento a você a máquina de identidade. Comece no topo e veja aonde ela te leva!

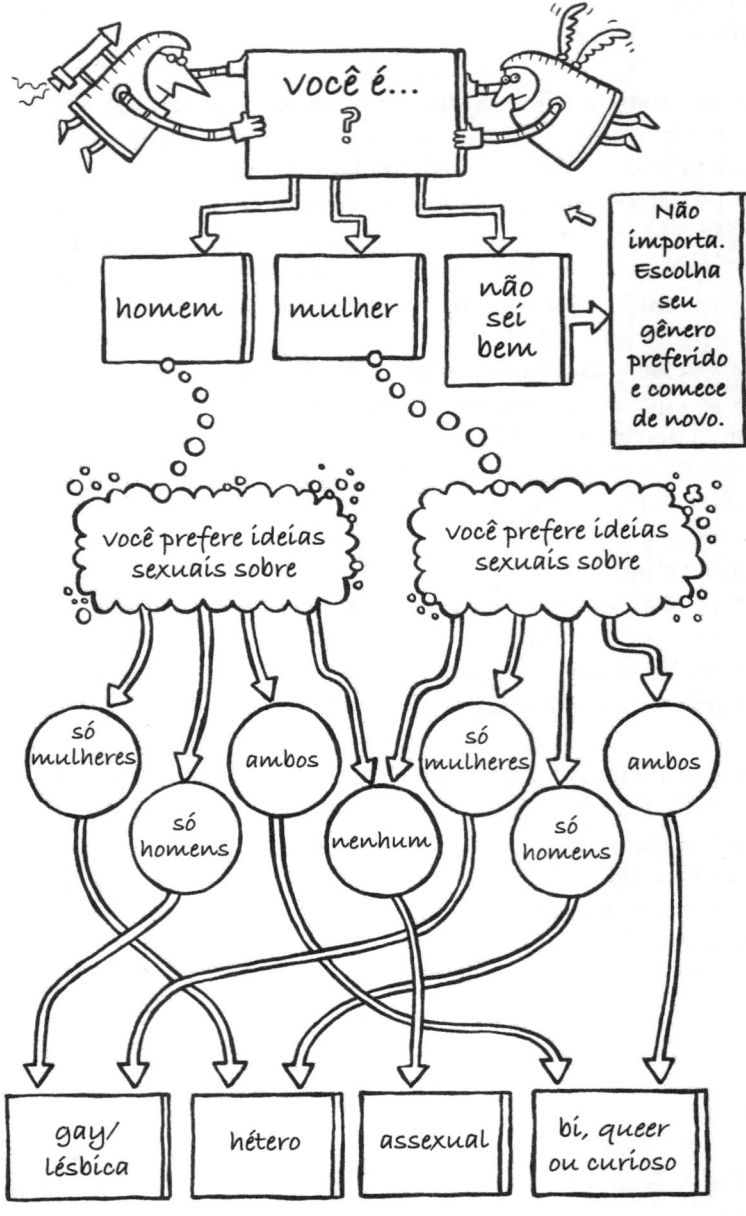

PESSOAS E CENOURAS

Antes de seguirmos em frente, você deve ter notado que uso a palavra "preferir". Sexualidade e identidade de gênero são uma questão de preferência. Acho que todos nós já PENSAMOS em fazer sexo tanto com homens quanto com mulheres. Como eu disse, por que não pensaríamos? Estamos cercados de imagens sexuais nas revistas e na TV. As pessoas que dizem que nunca pensaram nisso provavelmente estão mentindo. Portanto, é tudo questão do que a gente prefere sexualmente. Precisamos ter a mente aberta o tempo todo.

Também vale notar que há um monte de gente que não gosta de nenhuma das opções de sexualidade mencionadas. Existe uma série de categorias, mas nem todo mundo cabe tão fácil nelas.

Sua identidade é algo tão individual quanto suas impressões digitais. Francamente, se você quiser se identificar como cenoura, eu marcho junto com você na parada do Orgulho Cenoura. Sua identidade é uma questão só sua. Quem decide isso é você.

Agora que já vimos um monte de rótulos que existem, vale notar que esse que você escolheu pode ser devolvido na loja. Preferência sexual e gênero são coisas **fluidas**, o que quer dizer que, não é porque você se sente de um jeito agora que necessariamente vai se sentir do mesmo jeito daqui a cinco anos. Muitas pessoas mudam de identidade sexual, e isso é ok.

Mas então se tudo é mutável, e se todos existimos num espectro flutuante e gelatinoso de desejo sexual (uma coisa muito difícil de definir, mesmo nos melhores casos), por que nos damos ao trabalho de usar esses rótulos? Por que não saímos todos saltitando com flores no cabelo e ficando com as pessoas que curtimos, independentemente do gênero?

Bom, provavelmente porque isso é bem difícil de descrever. No fim das contas, é mais fácil ter uma única palavra para se definir quando você fala com as outras pessoas. Elas vão perguntar como você se identifica e, embora seja tentador começar um discurso revoltado sobre a tirania dos rótulos, é muito mais simples dizer "Ah, eu sou bi" e deixar por isso mesmo. No entanto, isso também não significa que você TEM DE adotar um rótulo; muitas pessoas não adotam.

Com isso em mente, vamos dar uma olhada nos rótulos mais comuns disponíveis na nossa Loja de Identidades.

L DE LÉSBICA

A palavra "lésbica" é derivada do nome da ilha de Lesbos, onde uma poeta grega chamada Safo criou seu próprio *The L Word* versão século VI a.C. Ela juntou um monte de garotas à luz do sol e escreveu poemas sobre como elas eram gostosas. Avance o filme 2.500 anos, até por volta da virada do século XX, e as mulheres estavam buscando um nome para uma subcultura em crescimento que vinha ganhando visibilidade e status. Até esse ponto, historicamente, as mulheres gay eram consideradas quase um mito – provavelmente um indício do quão pouco as mulheres em geral eram levadas em conta ou vistas como criaturas sexuadas fora do casamento.

Mas agora as mulheres gay, inspiradas pela ilha de moças libidinosas de Safo, cunharam o termo "lésbica", que antes dessa época tinha sido usado para descrever qualquer coisa "de Lesbos".

Hoje a palavra significa mais ou menos "uma mulher que faz sexo com mulheres". Algumas dessas mulheres não gostam da palavra "lésbica" e preferem "mulher gay".

"Eu prefiro 'gay' a 'lésbica' – acho que tem a ver com a questão substantivo vs. adjetivo, ou seja, 'lésbica' soa um pouco mais central e definidor, enquanto 'gay' é só um de uma série de adjetivos que poderiam ser usados para descrever uma pessoa."

J, 28, Brighton, Reino Unido.

Agora veja bem. Você talvez já tenha ouvido alguém chamando lésbicas de "sapatões". Essa é uma questão delicada porque esse termo se originou como um insulto. **Com exceção da própria pessoa que se identifica como lésbica, ninguém deveria nunca usar a palavra "sapatão".** A palavra é pejorativa, a não ser que esteja sendo reapropriada como gíria pelas próprias mulheres gay.

100% a fim de homens

G DE GAY

A palavra "gay" em inglês significava apenas alegre, descontraído, luminoso e exuberante, do galicismo *gaiety*, que ainda é usado. Porém no século XVII essa palavra teve uma evolução: uma "mulher gay" era uma prostituta, um "homem gay" era promíscuo e uma "gay house" era um bordel. Que ótimo.

Então, no meio do século XX, "gay" ainda significava "descontraído" – em oposição àqueles que eram *"straight"* (retos) ou meio quadrados – e começou a adquirir suas conotações homossexuais. Já que naquela época "homossexual" era um diagnóstico clínico, não é surpresa que um termo significando "luminoso e exuberante" ironicamente tenha se tornado uma referência a homens que desejavam existir numa subcultura secreta.

Na década de 1990, decidiu-se que "gay" era o jeito preferido e politicamente correto de referir-se a homens que fazem sexo com homens (e, é claro, também a mulheres que fazem sexo com mulheres).

Infelizmente, mais ou menos nessa mesma época, a palavra "gay" também foi distorcida para significar uma coisa fraca, ruim ou podre. Não interessa o que dizem os outros, este uso surgiu da homofobia, portanto não use mais esse tipo de palavra. SIM, EU SEI QUE ESTÁ NO TÍTULO, MAS A IDEIA É JUSTAMENTE ESTA – TUDO NESTE LIVRO É SOBRE SER GAY DE VERDADE (ou lésbica ou bi ou trans ou *, mas isso não seria um título tão chamativo, né?).

B DE BISSEXUAL

Isto não é nada novo. As pessoas da Grécia e da Roma antigas em geral eram pansexuais (pessoas sexualmente atraídas por pessoas, independentemente do gênero ou da sexualidade), e ninguém se incomodava com isso. Infelizmente para nós, gostamos que as coisas sejam binárias: negro/branco, bom/ruim, macho/fêmea. E isso não é muito legal para ninguém.

Em termos amplos, uma pessoa bissexual é alguém que gosta de fazer sexo com pessoas de dois (ou mais) gêneros: homens, mulheres e pessoas não binárias. Há um montão de mal-entendidos sobre bissexualidade, sendo o mais disseminado "bi agora, gay depois", que diz que todos os gays e lésbicas têm uma breve estadia na Bissexualândia antes de pegar o último trem para Gaytrópolis. Embora este seja o caso de alguns homens e mulheres gay reais, um monte de gente não tem intenção alguma de viajar até o fim do itinerário. E TUDO BEM.

A ideia de que pessoas bissexuais estão "se iludindo" ou estão "sendo egoístas" e/ou "gananciosas" é ofensiva. Por que é tão difícil aceitar que alguém pode sentir atração por ambos os sexos? Se alguém está disposto a se identificar como bi, então certamente poderia muito bem usar o rótulo "gay". Que sentido faria mentir? Por que precisamos tanto que uma pessoa seja ou gay ou hétero? Pessoas bissexuais talvez sejam mal compreendidas, mas têm o direito de ter ORGULHO de sua identidade e preferência sexual.

"Eu me identifico como lésbica porque não gosto de admitir que sou bissexual."

Blaz, 34, Bristol, Reino Unido.

"Eu me identifico como bissexual, embora prefira descrever isso como 'Pessoas são bonitas, pessoas são gostosas, pessoas são atraentes, e, se eu me apaixono, eu me apaixono'."

Mickey, 18, Michigan, EUA.

"Falo para as pessoas que sou bissexual porque é mais fácil de entender, mas acho que sou pan – me interesso pela personalidade, não pelos órgãos genitais."

Anon, 24, Brighton, Reino Unido.

"[Digo que sou] bissexual quando me perguntam. Isso varia dependendo do dia, de com quem eu estive, do que eu tenho lido, e assim por diante. Uma descrição que encontrei no Tumblr que se encaixa perfeitamente é algo do tipo 'Pensando em sexualidade em termos de música, em que as notas graves representam a atração por meninos e as notas agudas representam a atração por meninas, eu sou um solo de guitarra do Slayer'."

Nina, 16, Reino Unido.

Q DE *QUEER*

A palavra *"queer"*, em inglês, originalmente significava uma pessoa ou coisa meio estranha ou fora do normal. No fim do século XX, tornou-se um termo pejorativo ou xingamento direcionado a homossexuais.

No entanto, mais recentemente, logo após a pandemia da AIDS, a palavra foi reapropriada (primeiro pelo grupo norte-americano *Queer* Nation) como um termo genérico para representar todo o espectro de sexualidade e gênero, mas depois mais como crítica à identidade do que uma identidade em si. Basicamente, era um rótulo para pessoas – gay ou hétero – que estavam cansadas de rótulos!

Entretanto, a palavra hoje é usada como uma identidade. Nos termos mais amplos possíveis, pois há uma série de grupos sob o nome genérico "*queer*", ser *queer* significa não ter de definir sua identidade sexual ou de gênero com um único rótulo.

Num mundo em que sexualidade e gênero são abertos à mudança, às vezes parece mesmo bobagem usar rótulos. Além disso, definir-se como bissexual também reforça a ideia de que só existem três escolhas, o que certamente não é verdade – nem este deveria ser um termo automático para alguém que não é gay nem hétero.

A teoria *queer* é um assunto fascinante e em expansão, e há muitíssimos livros e teses escritos sobre isso.

"Definir-se com uma palavra propositalmente vaga pode parecer uma contradição em si. Para mim, a ideia era justamente essa. Sinto que as palavras 'hétero', 'gay' e 'bi' não cobrem ou não incluem de forma adequada o que sinto.

Para começar, esses termos sugerem uma abordagem rígida e inflexível à questão do gênero. Para pessoas que veem sexo e gênero de qualquer outro modo que não seja binário, as opções 'um ou outro', ou 'ambos' simplesmente não servem.

Além disso, acho que o gênero/sexo é uma parte relativamente pequena da atração sexual para mim. Parece estranho definir minha identidade sexual por uma pequena faceta dela. Enquanto algumas pessoas – algumas pessoas LGBTQIA+ ou pessoas com taras, por exemplo – escolhem resolver este problema com identidade mais específica, eu prefiro não tentar resumir a coisa assim.

Para mim, me identificar como *queer* é um jeito de me situar fora da sexualidade hétero padrão, sem precisar me identificar com outras ideias que não têm nada a ver comigo."

Kerry, Brighton.

C DE CURIOSO

Curiosidade, ou questionamento, como agora muitas pessoas dizem, significa justamente isso – o processo de alguém fazer as grandes perguntas. Acho que todas as pessoas jovens deveriam passar um tempo pensando sobre desejo. Acho que todo mundo seria muito mais feliz se tirasse algumas semanas para refletir sobre o que desperta o seu apetite. Isso resolveria muita tensão e sofrimento, imagino. Há um montão de gente que "experimenta" – dá uma provadinha para ver se gosta. Algumas pessoas gostam, e fazem de novo, e outras excluem essa opção, contentes em saber que não estão perdendo nada.

Como qualquer coisa na vida, às vezes você não sabe enquanto não experimenta. Eu não queria comer camarão até os dezoito anos – a simples ideia me deixava arrepiada. Mas daí experimentei e descobri que são uma DELÍCIA. Não se preocupe, já recuperei o tempo perdido desde então.

(Deixo claro que, neste caso, "camarão" não é um eufemismo para nada.)

A DE ASSEXUAL

Há dois jeitos de ver a assexualidade. O primeiro é como uma ausência de (ou pouco interesse em) sexo – com qualquer pessoa. O segundo é como uma recusa de definir sua orientação sexual ou uma incerteza sobre sua orientação sexual – um uso mais moderno do termo. Assexualidade não é celibato (abster-se de sexo). Pessoas assexuais PODEM fazer sexo – para ter filhos ou para experimentar –, mas em geral sentem pouco desejo, seja por homens ou por mulheres, por isso se você voltar ao nosso fluxograma elas tipicamente perderiam o interesse depois da primeira pergunta.

Pessoas assexuais muitas vezes têm sentimentos românticos em relação a outras pessoas, e podem muito bem ter namorados e namoradas e fazer todas as coisas fofas, andando de mãos dadas e dando abraços, só que sem os pintos e as pererecas.

Isso, como você já adivinhou, é ok. Algumas pessoas simplesmente não são tão sexuais e, assim como todas as identidades, esta pode mudar ao longo do tempo. Descobri que um número cada vez maior de adolescentes se identificam como assexuais enquanto tentam entender sua identidade.

T DE TRANSGÊNERO

Vamos deixar uma coisa clara desde o comecinho, para não confundir a discussão.

Veja só:

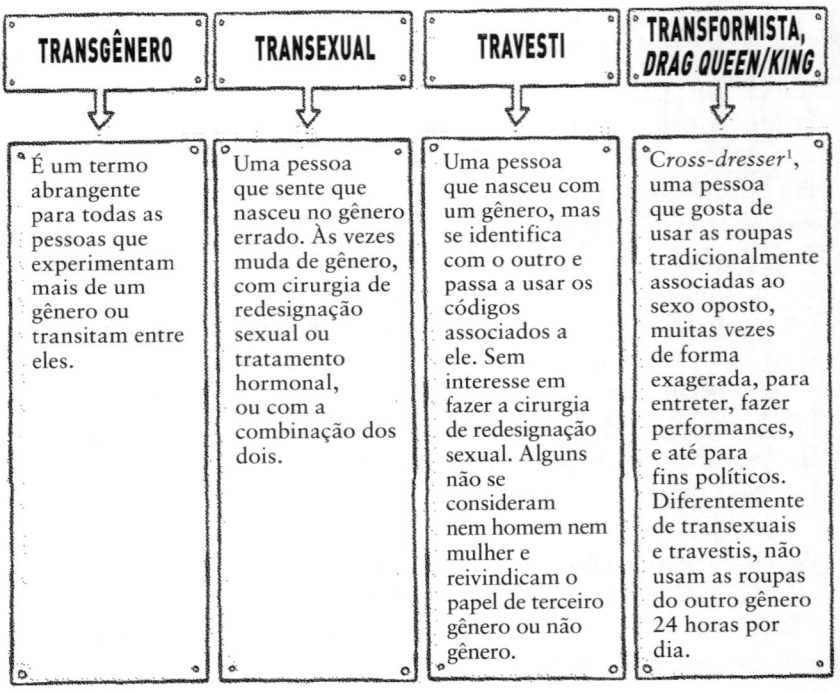

TRANSGÊNERO	TRANSEXUAL	TRAVESTI	TRANSFORMISTA, DRAG QUEEN/KING
É um termo abrangente para todas as pessoas que experimentam mais de um gênero ou transitam entre eles.	Uma pessoa que sente que nasceu no gênero errado. Às vezes muda de gênero, com cirurgia de redesignação sexual ou tratamento hormonal, ou com a combinação dos dois.	Uma pessoa que nasceu com um gênero, mas se identifica com o outro e passa a usar os códigos associados a ele. Sem interesse em fazer a cirurgia de redesignação sexual. Alguns não se consideram nem homem nem mulher e reivindicam o papel de terceiro gênero ou não gênero.	*Cross-dresser*[1], uma pessoa que gosta de usar as roupas tradicionalmente associadas ao sexo oposto, muitas vezes de forma exagerada, para entreter, fazer performances, e até para fins políticos. Diferentemente de transexuais e travestis, não usam as roupas do outro gênero 24 horas por dia.

1. O termo é usado de forma geral para indicar uma pessoa que gosta de vestir e usar acessórios ligados culturalmente ao outro gênero, mas também é o nome dado a um grupo que não se identifica nem com transexuais nem com travestis. Usualmente são homens heterossexuais, muitas vezes casados, e grande parte tem apoio das companheiras.

Bom, isto é mesmo complicado, e é desculpável cometer enganos quando o termo "trans" é usado como abreviatura. Quando é usado assim, quase com certeza significa transgênero ou transexual. Você talvez também ouça o termo *genderqueer*, que, assim como a teoria *queer* em relação à sexualidade, é mais uma recusa em ser rotulado do que uma identidade em si.

Há questões mais amplas sobre a identidade de gênero, uma vez que ainda estamos muito presos a uma cultura binária que diz

que algumas coisas são para meninos (carros de corrida, futebol, armas) e outras são para meninas (bonecas, batom, pôneis cor-de-rosa). Não sei quem foi que decidiu isso. Meio limitador, não?

As agências de publicidade querem que a gente acredite que ser mulher é de algum modo uma sensação diferente de ser homem, porém nunca vamos saber isso ao certo. A cultura diz aos nossos pais como eles devem nos vestir quando somos crianças, e isso acaba sendo enraizado. Às vezes me parece absurdo pensar que um cara precisaria ser "trans" para poder vestir uma saia ou um salto alto. Quem disse que isso são "trajes femininos"? Infelizmente, como a maior parte do mundo não percebe como é limitada essa mentalidade, é assim que as coisas funcionam. Por enquanto.

Como dissemos no capítulo anterior, embora os estudos de gênero e de sexualidade sejam muito interligados, em grande parte estes dois aspectos não são relacionados: uma pessoa pode escolher identidades separadas para cada um. Por exemplo, no passado, me identificava como homem gay. Mas passei a me identificar mais como mulher, e continuei gostando de homens, e assim me tornei uma mulher trans hétero. Entendeu?

Vamos discutir brevemente o termo inglês *"tranny"*. Você talvez tenha lido essa palavra em algum lugar, ou talvez até ouvido num programa como *RuPaul's Drag Race*. Mais ou menos como a palavra "sapatão", se você não é trans, não deveria usar este termo. NUNCA. Isto porque muitas pessoas trans acham o termo ofensivo, então por que você ia querer sair por aí atormentando pessoas? Você é sociopata? Não. Então não faça isso.

A HISTÓRIA DE RORY

Rory, de Brighton (Reino Unido), se identifica como homem trans. Ele fez cirurgia e tomou hormônios para mudar de gênero há vários anos. Veja aqui a história dele:

"Eu sempre gostei de me vestir e brincar de menino. No primário, todo mundo me conhecia como 'a menina que queria ser menino'. As outras crianças costumavam me provocar com isso no recreio, o que me fazia chorar, mas não sei por que eu me incomodava tanto. Talvez fosse porque eles implicavam comigo na frente de todo mundo? Daí minha professora me puxava para o lado. Eu não conseguia entender qual era o grande drama; quem não ia querer ser menino?

Na idade adulta, encontrei um jeito de ser menino que era aceitável e adorado. Eu era Rory Raven, um fabuloso *drag king*! Fazia anos que eu me vestia assim quando estava sozinho, usando roupas muito masculinas – camisas com gravata, ternos, suspensórios, chapéu de feltro. Mas eu sentia que precisava me esconder, que tinha algo de errado com isso. Eu até tinha que trocar de volta para minhas roupas normais só para usar o banheiro na minha própria casa, para evitar que meus colegas de quarto me vissem. Mas, como *drag king*, eu subia no palco usando em público as roupas em que me sentia à vontade. No fim das performances, eu assistia aos outros *drag kings* tirando seus acessórios e voltando a vestir suas roupas comuns. Eles arrancavam os pelos falsos do rosto e a tinta imitando barba malfeita, e passavam maquiagem por cima. Batom e sombra nos olhos: feminino e discreto. Eu queria continuar com aquelas roupas, e sentia um vazio quando a noite terminava.

No meu aniversário de 24 anos, ganhei um *binder*. *Binder* é um colete muito apertado que é usado por baixo da roupa e faz a pessoa disfarçar os seios, e portanto parecer homem. Era apertado e desconfortável, e usar aquilo não era agradável. Entrar nele não era nada fácil. Sair era ainda mais difícil. Achei que fosse me sufocar por acidente quando tentei tirar aquela coisa pela primeira vez. Porém usar o *binder* era muito libertador. Eu sentia que as pessoas estavam me vendo pela primeira vez. Por isso continuei usando, mesmo quando não estava fazendo performances.

Logo comecei a me perguntar: qual é a diferença entre o Rory no palco e o Rory na vida real? Meus amigos já estavam me chamando de Rory como apelido, e alguns deles já estavam até se referindo a mim com pronomes masculinos.

Decidi tirar a barba falsa e começar a viver em tempo integral como Rory (só que sem o sobrenome ornitológico[2]). As pessoas do meu trabalho me deram muito apoio. Sei que tive sorte nesse aspecto, pois na época trabalhava para uma instituição de caridade para pessoas trans. Ninguém lá se incomodou nem um pouco.

Minha mudança de nome foi a parte mais importante da minha transição. Escolher o meu nome foi uma decisão profunda e poderosa. Seria uma mistura entre quem eu era e quem eu queria ser. O momento da minha mudança jurídica foi importante também. Foi poucos dias antes do meu aniversário de 25 anos, o que para mim é o começo do meu novo ano, e coincidentemente era o começo do novo ano para diversas religiões e culturas do mundo.

Minha vida, paradoxalmente, ficou melhor mas também muito mais difícil desde a transição. Me revelar para todo mundo é um processo contínuo. Alguns amigos já estavam esperando isso, portanto não se surpreenderam; outros levaram mais tempo, e infelizmente com algumas pessoas eu perdi totalmente o contato. Minha família *queer* adotiva me acolheu, e isso me deu muita força. A transição abriu portas que eu não sabia que existiam, e fiz um monte de novas amizades no caminho.

Ajudando pessoas trans amigas: muitas pessoas acham complicado lidar com a questão dos pronomes. Isso é compreensível; afinal, por anos e anos você usou o pronome 'ele' para se referir ao seu amigo, e agora sua amiga está pedindo para ser chamada de 'ela'.

---

2. *Raven* significa corvo em inglês. (N. do T.)

No entanto, você deve sempre respeitar a escolha da pessoa. Se você acha isso difícil, imagine o quanto é para a pessoa. Adapte-se rápido ao novo pronome, e não fique agindo como se fosse uma bobagem. Isso NÃO É LEGAL."

PESSOAS NÃO BINÁRIAS

Cada vez mais, as pessoas estão rejeitando conceitos tradicionais de masculinidade e feminilidade. Talvez *todo mundo* esteja acordando para a ideia de que o gênero, em sua maior parte, é um construto. Sim, há quem pense que somos totalmente definidos por nossa biologia e nossos genes, mas acho que isso nos leva para um território muito tenebroso. Como já disse Chaz Bono, "o gênero está entre as suas orelhas, não entre as suas pernas", e isso é muito verdade. Já que não há como saber se a *sensação* de ser masculino é uma e a *sensação* de ser feminina é outra (pois só podemos nos basear na nossa experiência individual), só o que podemos controlar é como desejamos expressar nossas identidades pessoais. Para algumas pessoas, essa expressão é tradicionalmente feminina, para outras, é tradicionalmente masculina. Mas, para muitíssimas pessoas, não é *nenhuma delas* ou *ambas*. E adivinha só: isso é ok! "Pessoa não binária" ou "de gênero fluido" estão se tornando identidades próprias, dando a essas pessoas a liberdade para expressar seu gênero como quiserem. Miley Cyrus se descreveu como sendo de gênero fluido em 2015, conscientizando as pessoas ainda mais. Em 2019, a personalidade artística Sam Smith se revelou como não binária e usa (em inglês) os pronomes *they/them*.

Em alguns trechos deste livro, usei as expressões MTF ("*male--to-female*": de homem para mulher) e FTM ("*female-to-male*": de mulher para homem) para descrever pessoas transgênero binárias. Para pessoas não binárias, isso obviamente não se aplica muito bem. Dito isso, os hospitais, profissionais de medicina e cientistas ainda usam esses termos, por isso também senti a necessidade de usá-los em alguns momentos. Porém não há dúvida de que a experiência de uma pessoa não binária ou *genderqueer* é totalmente válida, assim como a minha.

INTERSEX

Intersex não é bem uma identidade, no sentido de que a pessoa não pode realmente escolher isso. (Lembre, você não pode escolher sua preferência, mas pode escolher um rótulo ou uma identidade.) Já que o termo "intersex" é usado como rótulo, tanto por pessoas intersex quanto por médicos, vale mencioná-lo aqui. Uma pessoa nasce intersex se tem órgãos genitais ou características sexuais que não se encaixam em definições rigorosas de masculino e/ou feminino. Isso NÃO faz com que essas pessoas sejam transgênero, pois elas podem concordar com o gênero que lhes foi atribuído (a maioria das pessoas intersex recebe uma definição de sexo, certa ou errada, quando nasce).

As questões das pessoas transgênero estão ligadas às das pessoas intersex, pois muitas destas acabam discordando do gênero que lhes foi atribuído e procuram mudar.

O QUE É CISGÊNERO?

Cisgênero é basicamente o oposto de transgênero. Significa que a sua identidade de gênero combina com a identidade que lhe foi dada quando você nasceu, de acordo com seus órgãos genitais. Portanto a maioria das pessoas se identifica como "cis", mesmo não sabendo disso – o que elimina a necessidade de alguém dizer que é "normal", que, como dissemos, é uma palavra tosca.

Voltando à minha definição acima, eu na verdade sou uma mulher trans hétero.

Como comentário final sobre todas essas identidades, Peter Tatchell, militante LGBTQIA+, diz que sonha com o dia em que todos esses rótulos vão ser desnecessários e todos poderemos ser apenas humanos. Acho que sonho com esse dia também.

Como quer que você se identifique, lésbica, gay, bissexual, trans, *queer*, assexual, curioso ou cenoura, todos temos alguma coisa em comum – somos uma minoria e tomamos atitudes corajosas para nos identificar como escolhemos, uma recusa em se esconder, uma declaração de quem somos. Portanto escolha o seu rótulo, troque de rótulos ou não use rótulo nenhum. Apenas esteja confortável com VOCÊ e deixe as outras pessoas usarem para si os rótulos que quiserem.

Este primeiro passo, nossa autoaceitação, é de LONGE o mais difícil da jornada. Com o resto, este livro pode ajudar.

Se você se identifica como hétero, deveria continuar lendo também. Francamente, nós, pessoas LGBTQIA+, precisamos de todos os aliados hétero que pudermos ter, e você também pode se armar de conhecimento.

CAPÍTULO 3
NOSSA BIOLOGIA INCONFUNDÍVEL

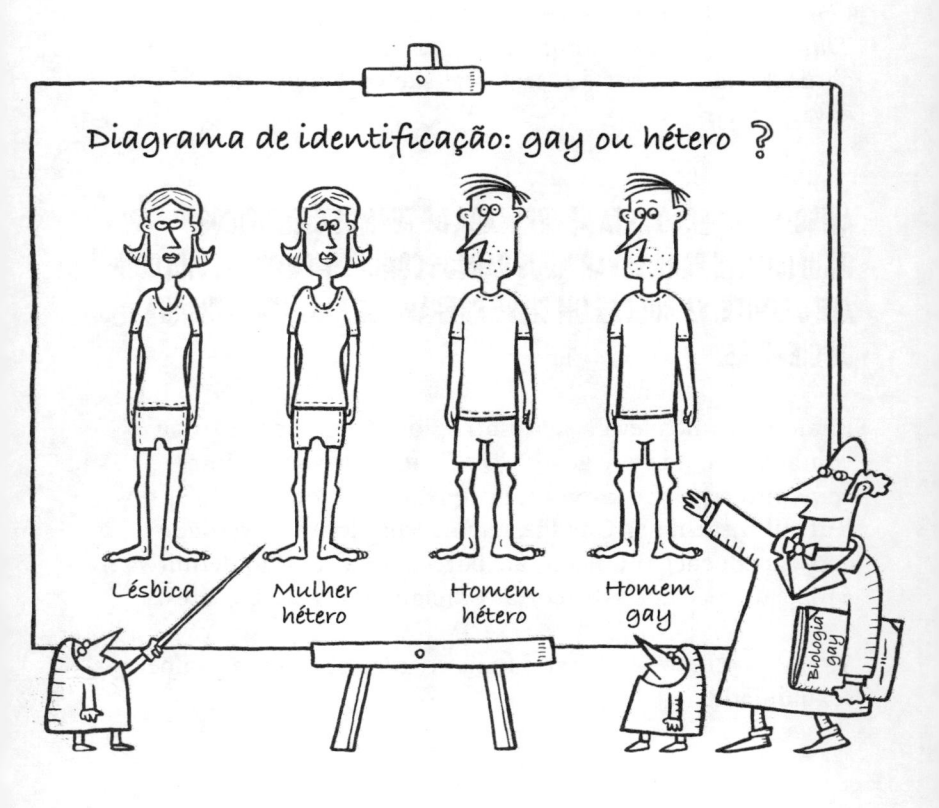

Diagrama de identificação: gay ou hétero?

Lésbica — Mulher hétero — Homem hétero — Homem gay

Que idade você tinha quando percebeu que "ser gay" era uma questão? Provavelmente era muito jovem... cinco anos? Seis? Sete? Agora, quantos anos você tinha quando fez a pergunta maior: POR QUE as pessoas são gays? Tem de haver um motivo.

Antes de examinarmos alguns dos fatores possíveis que podem ter feito de você quem você é, acho importante frisar que ISSO NÃO IMPORTA. Não precisamos de desculpas para nossa existência, e não ouço ninguém perguntando a pessoas heterossexuais: "O que fez você ser hétero?"

Lembre-se da grande sacerdotisa Gaga com seu *"Born This Way"* [Nasci assim]. Sua sexualidade ou gênero é tão natural quanto a cor dos seus olhos, e você nunca deveria se envergonhar disso.

AVISO: ESTA SEÇÃO ESTÁ ABARROTADA DE TERMOS CIENTÍFICOS, O SUFICIENTE PARA LEVAR MEUS PARCOS CONHECIMENTOS DE BIOLOGIA ATÉ O LIMITE. VÁ BUSCAR UM CHÁ E PREPARE-SE PARA UMA AULINHA DE CIÊNCIAS.

Então o que nos leva a sentir atração pelo mesmo sexo ou vontade de mudar de gênero? Bom, melhor você sentar enquanto espera a resposta, porque infelizmente os bofes do RuPaul Institute of Gay Heritage Technology[1] na verdade não conseguem chegar a nada que pareça uma solução definitiva – é mais uma coleção de teorias parcialmente convincentes.

Vamos dar uma olhada nas mais coerentes, começando pela sexualidade.

---

1. Instituto Tecnológico da Herança Gay RuPaul. (N. do T.)

1. ESTUDOS COM GÊMEOS

Vários estudos foram realizados para mostrar que gêmeos idênticos têm uma probabilidade muito maior de AMBOS serem gays do que a de gêmeos não idênticos, sugerindo que existe algum tipo de "gene gay". No entanto, acredita-se que gêmeos gays sejam especialmente dispostos a se oferecer como voluntários para estudos científicos, o que talvez tenha distorcido um pouco os dados.

2. LIGAÇÃO CROMOSSÔMICA

Nos anos 1990, houve diversos estudos sobre o cromossomo com o cativante nome Xq28 – o chamado "gene gay". Em HOMENS GAYS, esse gene é transmitido pelo lado materno da família, muitas vezes parecendo explicar por que homens gays podem ter irmãos ou tios gays.

3. EPIGENÉTICA

Pois é, o lance fica cada vez mais complicado, sinto muito. Depois que a pesquisa sobre o Xq28 perdeu credibilidade, os cientistas passaram a olhar para as "epimarcas" como possível explicação. Imagine o código genético da sua mãe e o do seu pai (não se preocupe, não vou pedir para você imaginar os dois pelados embaixo do lençol). Em alguns dos nossos genes, temos epimarcas. São tipo uns *post-its* com informações adicionais sobre a função do gene. Nos cromossomos masculinos, talvez esteja escrito "AÊ, VOCÊ TEM DE CURTIR MULHER", enquanto os cromossomos femininos talvez venham com uma nota dizendo: "VOCÊ COM CERTEZA QUER TRANSAR COM UNS CARAS". Bom, por muito tempo se assumiu que esses *post-its* eram retirados antes de os cromossomos serem passados para o bebê através do SEXO SELVAGEM DOS SEUS PAIS (foi mal, não resisti). Mas agora os cientistas acreditam que nem sempre é assim que acontece, e que às vezes esses *post-its* dizendo quem você tem de curtir ficam "grudados" nas crianças. Portanto, em resumo, um menino pode receber da mãe a epimarca para gostar de meninos, e uma menina pode receber do pai a epimarca para gostar de meninas.

Agora quero ver seus pais ficarem pirando por causa da sua sexualidade.

Imagino que eles vão gostar de receber a culpa.

4. OUTRAS TEORIAS TIPO CIENTÍFICAS

Ter muitos irmãos homens – A cada bebê menino, o sistema imunológico da mãe melhora a capacidade de bloquear hormônios masculinos no útero, fazendo com que os bebês meninos gays sejam mais prováveis. (Note como muitos estudos são focados em homens gays. Que típico. Esse é o patriarcado.)

Feromônios – Uma área do cérebro dos homens (de novo os homens) reage diferentemente a cheiros distintos, dependendo da sexualidade. O cérebro de um homem gay responde ao cheiro de suor no vestiário, enquanto homens hétero reagem a um composto encontrado no xixi das moças. Seres humanos são nojentos.

Estrutura do cérebro – Diversos estudos descobriram que a parte do cérebro chamada hipotálamo pode ser um pouco diferente em pessoas homossexuais. Dito isso, essa descoberta foi feita principalmente por meio de experimentos com ovelhas.

Hormônios pré-natais – Ligada à ideia de "ter muitos irmãos homens", essa é a teoria de que as mudanças na estrutura do cérebro provavelmente vêm dos níveis de andrógeno a que somos expostos no útero. Isso pode mudar o "gênero" do nosso cérebro, incluindo a atração sexual. Ok, entendi.

Exótico vira erótico

Gosto desta teoria pelo único motivo de ela ter um nome bobo. De acordo com ela, nossa biologia (cérebro, hormônios, genes) nos predispõe a gostar de coisas associadas a um gênero mais do que ao outro. No fim, acabamos achando sexy as pessoas exóticas (ou seja, os meninos se gostamos de coisas de menina, as meninas se somos tipicamente mais masculinos).

Eu deveria apresentar imparcialmente essas teorias, mas esta aqui parece totalmente viagem. Na boa, SÉRIO?

Estudos evolucionários

É claro que existem alguns problemas com a ideia de um "gene gay". Gays e lésbicas que tivessem bebês gerariam bebês gay, certo? Errado. Por que tantas pessoas gay nascem de pais hétero?

De uma perspectiva darwiniana, a homossexualidade não faz sentido – se fôssemos todos gay, a raça humana acabaria se extinguindo. As pessoas gays (agora com menor probabilidade de se reproduzir) retiram-se do fundo genético.

Já houve várias teorias sobre isso. Uma delas é que o suposto gene que predisporia pessoas à homossexualidade talvez ofereça um benefício em pessoas heterossexuais (só às vezes tornando a pessoa LGBTQIA+), portanto o traço continua a ser retransmitido através das gerações. Outra teoria é que tios e tias gays tendem a paparicar mais as sobrinhas e os sobrinhos, ajudando a garantir a sobrevivência dos mais jovens e assim propagando seu próprio código genético.

Diferenças biológicas entre gays e héteros

- Homens gays e mulheres héteros têm hemisférios cerebrais com proporções iguais. Mulheres gays e homens héteros têm o hemisfério direito ligeiramente maior.

- Homens gays têm o pinto ligeiramente mais comprido e mais grosso. **Excelente.**

- A amídala dos homens gays reage mais a pornografia que a dos homens héteros. Então, eles têm pinto maior e sentem mais tesão. Só estou falando...

- O comprimento dos dedos pode variar entre lésbicas e mulheres hétero. Que tal sair na rua com uma régua para medir dedos, meninas?

Um problema que eu tenho

Todas essas teorias parecem propor que somos programados para ser GAY ou HÉTERO desde antes de nascermos. Acho isso muito excludente de pessoas bi, curiosas e *queer*.

Claramente, a biologia tem algum papel na nossa preferência sexual – mas não nas nossas escolhas de estilo de vida. Nenhum gene vai ajudar você a sair do armário, nem determinar em que tipo de situação familiar nascerá. Portanto, os fatores ambientais exercem um papel enorme que não deve ser menosprezado.

Imagino que uma criança que nasce numa família liberal e receptiva no Reino Unido tem muito mais chances de se

IDENTIFICAR como gay ou lésbica do que uma criança nascida numa família de muçulmanos ortodoxos no Iêmen. Você me entende?

Além disso, duvido que haja um gene para "entediado e com tesão" ou "se sentindo meio experimental". Receio que os cientistas não levem em conta a fluidez ou o aspecto lúdico do sexo e da sexualidade. Meu conselho é que você se interesse e faça "Hummm" ao ler as teorias deste capítulo, mas simplesmente aceite que, em questões de sexualidade, A COISA É COMO É. E tudo bem. Aproveite!

Explicações biológicas para pessoas transgênero

Por muitas décadas, pensou-se que ser trans era resultado de fatores ambientais ou influência dos pais. No entanto, o famoso caso de David Reimer (1965-2004) mudou um pouco essa perspectiva. Nascido como menino e chamado de "Bruce", Reimer foi castrado acidentalmente numa circuncisão que deu errado, e então criado como menina. No entanto, David SEMPRE se identificou como homem, sugerindo que o gênero não pode ser aprendido – nossa identidade nasce junto conosco.

Cientistas modernos descobriram possíveis causas genéticas para a existência de pessoas transgênero: tanto transexuais "de homem para mulher" (chamadas de MTF, do inglês "*male-to-female*") quanto transexuais "de mulher para homem" (FTM, do inglês "*female-to-male*") têm variações em genes de ligação de hormônios, enquanto transexuais FTM talvez também não possuam alguns padrões exclusivamente femininos de distribuição de genes.

Outros cientistas descobriram variações na estrutura do cérebro tanto em transexuais MTF como em FTM – em ambos os casos, os indivíduos testados possuem os padrões cerebrais típicos de sua identidade de gênero preferida.

Por fim, e isso é INCRÍVEL, transexuais FTM muitas vezes relatam ter desde a infância uma "síndrome do membro-fantasma" relacionada a um pênis, e, enquanto os homens cis que perderam seus membros TÊM sensações de pênis-fantasma, pacientes MTF já NÃO têm. É de pirar o cabeção, né? PINTOS-FANTASMA. (Já arranjei o tema do meu próximo infantojuvenil.) Como na questão da sexualidade, não sou muito fã do determinismo biológico. Todos somos livres para brincar com gêneros.

O que aprendemos?

Ok, isso foi um montão de ciência. Espero que você se sinta mais inteligente; eu certamente sim. Resumi cerca de cem experimentos e estudos nas últimas páginas. Há toneladas de artigos de pesquisa e livros em que você pode encontrar mais informações sobre isso – é um assunto fascinante.

Acho que a principal lição que podemos tirar deste capítulo é que temos muito pouco domínio sobre nossos desejos sexuais ou nosso gênero, mesmo que tenhamos controle sobre nossa identidade. Como quer que você escolha se identificar, no entanto, ninguém pode nunca dizer que seus sentimentos são uma escolha. Vou repetir: quando a questão é quem você curte ou quem você é, A COISA É COMO É, e você nunca, jamais tem de se desculpar por isso. Você nasceu assim.

COISAS QUE NÃO FIZERAM VOCÊ SER GAY

- UM VÍRUS PRIMATA TRAZIDO PELO AR
- MUSICAIS DE TEATRO
- BONECAS
- FLÚOR
- UMA GRANDE CONSPIRAÇÃO
- ASSENTOS DE PRIVADA
- SATANÁS
- MÃES-CORUJAS
- BETO E ÊNIO
- VER PERSONAGENS GAYS EM LIVROS OU FILMES
- BEBER NA MESMA CANECA QUE PESSOAS GAYS

CAPÍTULO 4
ESTEREÓTIPOS SÃO UM COCÔ

Os homens gays não são INCRÍVEIS? São amigos muito leais e sempre bons para dar risada. Também são os MELHORES parceiros para fazer compras e sempre estão a fim de dançar Beyoncé! *Best friends 4EVA*!

Sim, meu bem, e todos os ingleses tomam chá às cinco e Paris está cheia de mímicos usando boina.

A representação de pessoas LGBTQIA+ na mídia está ficando MELHOR, mas ainda é bastante limitada. A não ser que tenha tido a sorte de crescer na companhia de pessoas gays, você talvez ache que todos os homens gays são alegres apresentadores de *talk show*, e todas as mulheres gay são comentaristas esportivas. Espero que você possa reconhecer que a coisa não é assim. Você provavelmente consegue contar numa mão só o número de pessoas transgênero na TV.

Harvey Milk, o LEGENDÁRIO militante LGBTQIA+, incentivava todas as pessoas gays a serem mais visíveis, para que os jovens fossem rodeados por um espectro infinitamente variado de pessoas gays – assim todo mundo poderia ver que os estereótipos não fazem sentido.

Vamos dar uma olhada em alguns estereótipos comuns sobre pessoas gays.

Este livro é gay 55

ESTEREÓTIPO	FATO OU BOATO?
Todos os homens gays se vestem como deuses e dançam como o Fred Astaire.	Vá a qualquer balada gay num sábado à noite, e você vai ver uma sublime mistura de caras dançando que nem o seu pai, moleques balançando constrangidos e gente totalmente *over* pirando com os braços para cima. Alguns homens gays se vestem bem, e alguns se vestem como o David Hasselhoff.
Todas as mulheres gays têm cabelo curto.	Sim. As mulheres gays têm uma versão defeituosa do gene que faz crescer cabelo. Que você acha? É claro que isto não é verdade! Muitas mulheres gays têm cabelo comprido, e muitas mulheres héteros têm cabelo curto.
Homens gays são a fim de crianças.	Ah, esta velha lenda. Algumas pessoas profundamente homofóbicas acreditam mesmo que isto é verdade. Pense bem – você sabe do que os homens gays gostam? DE CARAS GRANDÕES E PELUDOS. Sabe quem não tem nenhum destes atributos? Crianças. Homens gays gostam de homens – a ideia é justamente essa.
Homens gays sempre trabalham como comissários de bordo ou cabeleireiros.	Alguns trabalham. A maioria não.
Mulheres gays odeiam homens.	Imagino que elas devem mesmo odiar os homens que dizem isso para elas.
Mulheres gays são todas loucas para fazer sexo a três com um homem, que nem nos filmes pornôs.	Isso alimenta o antiquíssimo equívoco de que todas as pessoas gay estão esperando o "homem certo" ou a "mulher certa" que vai fazê-las perceber o erro que estão cometendo. Foi mal, rapazes, mas as mulheres gays sentem atração por vaginas. E vocês não têm vagina.
Homens gays são todos umas piranhas.	Em primeiro lugar, não usamos essa palavra porque é sexista. Vamos discutir isso com muito mais detalhes depois, mas É EVIDENTE que isso não se aplica a todos os homens gays.
Todas as pessoas trans são gays.	DUAS COISAS DIFERENTES. Se você desenhar um pequeno diagrama de Venn, vai haver uma parte no meio onde o círculo gay se sobrepõe ao círculo trans, mas isso vale para qualquer coisa, certo?
Todos os homens gays têm HIV/AIDS.	Afff. Infelizmente, é por isso que muitas pessoas mais velhas têm um certo medo de homens gays. Esta afirmação é ERRADA em tipo uns cinquenta níveis, todos eles potencialmente perigosos. Vamos discutir a pandemia da AIDS e as DSTs com muito mais detalhes depois, porque elas de fato SÃO importantes para a cultura gay.
Todas as mulheres gays têm gatos.	Sim. Todas elas. É assim que elas planejam conquistar o mundo. Um pelotão de lésbicas com gatos encouraçados. *Cara de sarcasmo*
Homens gays são "meninas".	Pênis? Confere! Pois é, homens gays são do sexo masculino.
Pessoas bissexuais estão tentando "maximizar suas chances".	Se fosse assim mesmo, por que TODOS nós não faríamos isso?
Pessoas transexuais são *cross-dressers*.	Já discutimos isso na seção sobre ser trans.
Pessoas transgênero são doentes.	Pois é, ficam doentes de tanto ouvir esse tipo de coisa e o remédio é a despatologização dessa ideia.

Acho que você entendeu o recado – há um número monstruoso de estereótipos sobre pessoas LGBTQIA+.

POR QUE estereótipos são um cocô

"Acho todos os estereótipos uma m•rda. Seja um estereótipo racial, sexual ou cultural, você sempre vai encontrar ALGUÉM que acaba se encaixando. Mas os estereótipos sugerem que um grupo, ou pelo menos uma maioria desse grupo, age de certa maneira, e isso acaba com a ideia de individualidade."

BFL, 43, Minnesota, EUA.

Os estereótipos são um lixo por um motivo muito simples – desumanizam as pessoas e permitem que terríveis preconceitos e formas de discriminação entrem de mansinho. As pessoas intolerantes ADORAM estereótipos. É muito mais fácil odiar um estereótipo sem rosto do que odiar um ser humano.

Além de serem superlegais, as pessoas LGBTQIA+ também são uma minoria perseguida. Isso não é superlegal. Infelizmente, a vida dos gays não é só baladinhas e cruzeiros marítimos – para muitas pessoas no mundo todo, ser gay é ILEGAL. Eu sei, é loucura.

O tratamento de pessoas transgênero na imprensa britânica é especialmente preocupante. Há um monte de debates sobre a "ameaça" que as pessoas transgênero representam para "mulheres e crianças", embora não haja nenhuma evidência que sugira que essa ameaça existe. Mesmo assim, a ameaça misteriosa tem sido tão discutida que as pessoas começaram a acreditar que ela é real.

De modo semelhante, estereótipos sobre pessoas LGBTQIA+ alimentam a homofobia, coisa que vamos discutir muito melhor no próximo capítulo.

Cada pessoa LGBTQIA+ é completamente única e individual. Embora muitas pessoas gay possam gostar igualmente de algumas coisas (há uma rica e variada "cultura" gay ou *queer*), não há duas pessoas LGBTQIA+ iguais.

Mesmo que você se identifique como gay, lésbica, bissexual, transgênero ou *queer*, você continua sendo você. Há infinitos jeitos de ser gay, e todos eles são ótimos. Então dizer coisas como "Todos os homens gays se vestem bem" não ajuda em nada, e é desumanizante para os homens gays que estão pouco se lixando para a moda.

Lembre, ser gay é só mais um elemento da sua identidade, então como seria possível todos nós sermos iguais?

Quais estereótipos incomodam você?

- Acho o estereótipo do "melhor amigo gay" muito irritante. (R, 17, Londres)

- Lésbicas como odiadoras de homens; mulheres bissexuais como promíscuas e/ou que secretamente preferem homens, ou não existem; que não existem pessoas assexuais, ou que todas são pudicas. (Nina, 16, Reino Unido)

- Todos os homens gays são promíscuos, bissexuais de todos os gêneros são promíscuos, lésbicas negras são sempre machonas e agressivas, lésbicas femininas na verdade são bissexuais, e pessoas trans são todas problemáticas. (Mica, 23, Londres)

- O estereótipo desmunhecado, afetado, com as mãozinhas para cima. Não me entenda mal, eu sei soltar um comentário ácido como qualquer bicha que se preze, mas continuo sendo um cara. (Luke, 27, Londres)

- Bissexuais são piranhas, pessoas gananciosas, secretamente gay, secretamente hétero, fáceis, estão fingindo, mentindo ou querendo o melhor de dois mundos. (Anon, 15)

- Lésbicas como caminhoneiras ou masculinas. Assim como qualquer pessoa, existem lésbicas de todos os tipos, tamanhos, jeitos de se vestir etc. Odeio quando dizem que eu não posso ser gay porque não "pareço lésbica". Outra coisa que me irrita é falarem que as lésbicas são boas de consertar coisas, porque eu com certeza não sou! (Michelle, 23, EUA)

- O que realmente me incomoda é acharem que todas as pessoas trans MTF são pervertidas, fazendo a transição para obter de sua posição algum tipo de excitação sexual. (Laura, 21, Reino Unido)

Subculturas vs. estereótipos

Em casos muito específicos, os estereótipos talvez tenham um fundinho de verdade (muitos homens gays realmente GOSTAM da Beyoncé, mas quem não gosta – ela é um furacão do pop), mas isso não significa que a ideia deva ser aplicada a um grupo inteiro! Tirando a história dos parisienses com boina. Isso é totalmente verdade. BRINCADEIRA!

Uma das melhores coisas de escolher se IDENTIFICAR como gay ou bi é que você já está criando suas próprias regras. Não estou, nem por um segundo, sugerindo que existe um conjunto de regras para as pessoas héteros e outro para as não héteros, porém identificar-se como LGB ou T ou Q ou IA+ significa que você optou por sair do grupo majoritário (nunca se é jovem demais para aprender que o mundo inteiro é governado e projetado principalmente para os homens cis brancos héteros, ou "o patriarcado"). Isso quer dizer que você é livre para adotar quaisquer elementos da cultura gay ou *queer* que achar apropriado.

O maior bônus de sair do armário é que você pode ser quem quer ser, sem se esconder nem pedir desculpas.

"[Quando eu saí do armário] foi mais fácil, porque eu antes estava fingindo ser uma coisa que não era. Ser gay significava que eu podia ser mais honesto sobre as coisas que eu curtia."

Ben, 23, Manchester, Reino Unido.

Basicamente, você pode escolher a dedo a quais "estereótipos" quer aderir, porque alguns deles são parte de uma grande tradição criada por gerações de pessoas LGBTQIA+. E se você de fato quiser trabalhar como comissário de bordo? Então trabalhe. E se você quiser trabalhar como comissário de bordo E jogar rúgbi E ouvir trilhas sonoras de musicais MAS TAMBÉM trash metal? Bom, você já adivinhou: Quem projeta sua identidade é você.

Se você é uma menina gay e quer raspar a cabeça, quem é que tem o direito de lhe falar para não fazer isso? O cabelo é seu.

Gostaria de observar que pessoas LGBTQIA+ não causam homofobia ou transfobia por simplesmente serem quem são. Os homofóbicos e transfóbicos é que são intolerantes, e isso, camarada, é problema deles.

As pessoas LGBTQIA+ não escolhem ser LGBTQIA+. As pessoas intolerantes escolhem odiar.

Há diversas correntes na cultura gay que não são estereótipos, mas sim identidades dentro de uma identidade. Você não pode escolher se curte meninos ou meninas, mas, uma vez que aceitou curtir quem você curte, realmente existem escolhas de estilo de vida a serem feitas. Estas são algumas das diversas subculturas de que você talvez já tenha ouvido falar, ou vá encontrar na cena gay:

É claro, a maioria dos homens e das mulheres gay não é NENHUMA dessas coisas, mas apenas homens ou mulheres

URSOS

Ou "*bears*". Refere-se a homens gay grandes e peludos, muitas vezes com barba.

OTTERS

Literalmente, "lontras". São homens peludos MAIS MAGROS e com barba. Juro que isso não é invenção minha.

CUBS

Como era de esperar (*cub* em inglês é um filhote de urso), estes são homens gay grandes e peludos, muitas vezes com barba, só que MAIS JOVENS.

TWINKS

Este aqui também é para os garotos. Um *twink* geralmente é um homem gay jovem e sem pelos. A cera de depilação está sempre à mão!

BARBIE

Um homem gay musculoso. O culto ao corpo e os homens gay estão intimamente ligados. Depois falamos mais sobre isso.

SAPATÃO

Esta é uma mulher gay que adotou algumas características tradicionalmente masculinas (ex., um bigode), mas não se identifica como homem. Às vezes são chamadas de "caminhoneiras", mas lembre: só é ok usar esses termos se você estiver descrevendo a si mesma.

MONA-OCÓ ou BICHA MANO

Um cara gay jovem que gosta de usar agasalhos esportivos, bonés e cordões como acessórios.

LESBIAN CHIC

Também chamada de "melissinha ou sandalinha". Uma mulher gay que gosta de roupas, cabelo e maquiagem "tradicionalmente femininos" (se bem que, o que ISSO significa?).

que curtem pessoas com os mesmos órgãos genitais. É um bufê de identidades – você pode levar o seu prato e pegar só uma porçãozinha de gay, ou pode pirar e se servir de tantos rótulos quantos conseguir carregar de volta até a mesa.

"Às vezes acho que seria mais fácil se eu realmente parecesse mais uma 'lésbica' estereotípica, porque seria mais fácil as pessoas aceitarem! Mas essa simplesmente não sou eu... você tem que usar as roupas de que gosta."

Jenny, 31, Dublin, Irlanda.

Se você se identifica como lésbica ou gay, aposto que acha que sabe muito bem reconhecer alguém do nosso clube, certo? Quero que você pegue uma caneta e desenhe no espaço abaixo um homem gay e uma mulher gay... VAMOS LÁ!

Aposto que alguém desenhou:

isto

ou isto

ou talvez isto

Mas por muitas décadas as pessoas LGBTQIA+ tinham de ser INVISÍVEIS por medo de perseguição. Portanto, a maioria dos homens e das mulheres gays precisava se misturar facilmente à multidão, como alienígenas ladrões de corpos – só que não malignos, obviamente. É super-homofóbico sugerir que todos os homens e mulheres gays são parecidos.

Dito isso, alguns homens e mulheres gays gostam de brincar com estilos e tipos de gênero. Qualquer subcultura tem uniformes, de certo modo – veja os góticos ou os emos, por exemplo. Adotar certo *look* relacionado a uma identidade sexual é muito diferente de ser transgênero, como já discutimos na seção sobre identidade. É mais uma questão estética – pegar normas de gênero emprestadas ou aspirar à androginia. Por que uma mulher não deve cortar o cabelo curto? Por que homens não devem usar maquiagem? Parte da diversão de ser LGBTQIA+ é mandar "a norma" para as cucuias.

Na próxima seção, vamos dar uma olhada em alguns estereótipos específicos, começando com os homens gays.

CAMP

A palavra *"camp"* (que não tem um bom correspondente em português) muitas vezes é aplicada a homens gays, embora qualquer coisa possa ser *camp*. Mulheres gays podem ser fantasticamente *camp* – basta olhar a Sue Perkins, aquela comediante inglesa. *Camp* significa uma coisa ou um comportamento excessivo, exuberante, kitsch e teatral, mas também sofisticado, espirituoso e subversivo. Mais adiante, quando falarmos dos "ícones gays", você vai ver que muitas celebridades adoradas por pessoas gays possuem estas qualidades.

Apesar de a palavra *"camp"* soar literalmente fabulosa, é usada com mais frequência por pessoas de língua inglesa como um insulto, às vezes por pessoas héteros, o que talvez seja mais chocante, pelas próprias pessoas gays. Muitos gays, quando estão decidindo se vão ou não transar com um cara, acabam soltando frases como "Ele é *camp* demais para mim", aqui querendo dizer que o cara é "afetado".

Pois outro termo que poderíamos ter acrescentado à definição de *camp* é "efeminado", e este parece ser o problema.

Parece improvável que os rapazes gays já nasçam *camp*. No entanto, quando eu dava aulas, havia meninos de cinco e seis anos completamente *camp* nas minhas salas de primeiro ano. Como pode? Uma possibilidade é que esses "meninos" já se identificam como meninas desde uma idade precoce – isso acontece com muitas pessoas trans; lembre-se da história de Rory. Outra teoria é que os rapazes gays têm um olho refinado para o *camp*, localizam ícones *camp* na mídia e imitam seu comportamento. Qualquer que seja a origem do comportamento *camp*, vale dizer que, por mais "macho" que um homem gay pense que é, completos desconhecidos muitas vezes são TOTALMENTE capazes de identificar um cara gay em vinte segundos, principalmente se eles próprios são gays.

Porém, se perguntássemos a cem homens gays "Você se acha *camp*?" (aqui também querendo dizer "efeminado"), eles iam coçar os testículos, usar um tom de voz dez decibéis abaixo do normal e dizer "Neeem, amigo... eu não". Estimo que possivelmente três ou quatro talvez dissessem: "Aaah, às vezes, quando eu bebo." Alguns homens gays parecem ter pavor de ser *camp*. O Grindr ainda está cheio de gente que escreve coisas como "discreto" ou "pareço hétero" nos seus perfis.

Será que isso não passa de misoginia desvairada? Que há homens gays que apenas odeiam mulheres e qualquer coisa estereotipicamente feminina? Viver num mundo dominado pelos homens parece ter nos contagiado com uma noção de que qualquer coisa masculina é MELHOR. Seria por isso que algumas mulheres gays TAMBÉM rejeitam normas femininas e buscam as características do grupo dominante no planeta – os homens?

Ser gay não torna ninguém imune à misoginia, mas acho que é mais do que isso. Após DÉCADAS ouvindo dizer, de todas as maneiras, que os homens gays são MENOS QUE os hétero, a comunidade voltou esse ódio para dentro. Não estamos rejeitando traços femininos: estamos rejeitando traços estereotipicamente gays.

Quão triste é isso? Resposta: Megatriste. Porque ser gay ou lésbica é FABULOSO. É GLORIOSO.

Então talvez nem todos gostemos dos nossos estereótipos, mas eles são nossos. Eles nos pertencem. O resto do mundo tem uma postura tão duvidosa sobre as pessoas gays que, amando ou odiando, acho que todos poderíamos dar um pouco mais de apoio à cultura gay. Vou dizer uma coisa: podemos "parecer hétero" o quanto quisermos, mas se você está dormindo com alguém do mesmo sexo, para o resto do mundo você é tão gay quanto o John Waters morando numa barraca cor-de-rosa e assistindo a *Drag Race* com a Clare Balding.

O mesmo poderia ser dito sobre pessoas trans que condenam o rótulo de trans ou querem "passar como cis". Embora eu só tenha me proposto a ser mulher, ainda sou muito aberta sobre a "minha jornada". Não tenho que sentir vergonha nenhuma. Se as pessoas acham que eu sou bizarra, bem, eu com certeza não gostaria de ser como elas: cruéis.

Talvez o melhor seja celebrar isso. E é em parte por esse motivo que chamamos nossas celebrações de *Orgulho*.

O INCRÍVEL HULK

Como eu mencionei antes, qualquer subcultura pode acabar criando um uniforme, mas, para alguns homens gays, o *"look"* foi muito além das roupas. Como você já adivinhou, este é outro estereótipo, porém muitas vezes se pensa que os homens gays têm os melhores corpos do Instagram.

Vá a qualquer grande balada gay e – lá vem outro estereótipo – você vai ver uns caras ENORMES de braços erguidos e sem camisa. Peitos estufados, abdomes tanquinho e pescoços tão grandes quanto a minha coxa viraram a norma. Parece que esses caras estão tentando parecer o Hulk, personagem que na verdade é fruto de um ACIDENTE RADIOATIVO.

A cultura de academia agora é simplesmente... cultura. Basta ver programas como *Love Island*! Os homens cuidam mais do seu corpo do que nunca. Há muita pressão sobre todos os rapazes, mas os rapazes *gays* têm maior probabilidade de ficar pelados diante de *outros* homens. Pressão em dobro. Essa pressão pode ter consequências reais. Homens e meninos gays e bissexuais são significativamente mais propensos a sofrer de distúrbios alimentares do que seus equivalentes héteros (Feldman & Meyer 2007).

Alan Downs, autor do livro *The Velvet Rage* [A fúria de veludo], apoia a noção de que a obsessão dos gays pela massa corporal é fruto de um ódio por si mesmos. Para ele, os homens gays buscam níveis impossíveis de perfeição física para superar uma tristeza interior – você só vai ser feliz se conseguir se tornar um pouquinho mais perfeito e fizer só mais alguns homens quererem transar com você. Ele acredita que os homens gays procuram validação em lugares errados.

Os homens gays estão sujeitos à pressão dos outros, mesmo quando adultos – veem corpos muito musculosos em vídeos pornôs, na balada, na praia e começam a achar que isso é fácil de atingir. As mulheres estão sujeitas a isso há anos, principalmente por serem expostas a modelos de 1,80 metro e menos de quarenta quilos nas revistas de moda.

Alguns caras estão chegando a extremos para atingir o padrão nas baladas. Nunca vi um cara hétero dançando sem camisa, portanto não é um grande mistério entender por quê.

Saiba de uma coisa: Um abdome tanquinho nunca fez ninguém feliz. Na academia, ninguém jamais atingiu um estágio em que disse: "CONSEGUI! AGORA ESTOU SATISFEITO."

Todos podem fazer sua parte para tornar a comunidade gay mais gentil, com mais apoio mútuo e positividade corporal. Siga uma diversidade de pessoas nas redes sociais: pode seguir os musculosos tradicionais, mas siga TAMBÉM homens trans; homens magrelos; homens pesadões; homens com deficiências.

Todas as pessoas são bonitas e todos os corpos também.

ESTEROIDES

Os corpos *à la* incrível Hulk também não são nenhum grande mistério. ESTEROIDES. Receio que seja simples assim. Vá até uma praia gay e brinque de VERDADEIRO OU ESTEROIDES? Alguns caras têm corpos naturalmente esbeltos, definidos ou mesmo musculosos, mas acho que você pode reconhecer um usuário de esteroides a um quilômetro de distância. O uso de esteroides é muito disseminado na cena gay. Todos aqueles caras realmente enormes, com poucas exceções, estão usando.

Então. Vamos falar sobre esteroides. Estamos falando dos esteroides androgênicos anabólicos (EAA). Usuários injetam ou engolem altas doses do hormônio masculino testosterona, que promove o crescimento. A maioria dos usuários toma esse hormônio de forma descontínua, causando flutuações em sua massa corporal nas épocas em que eles precisam parecer bombados. Alguns usuários tomam um coquetel de esteroides diferentes, uma prática conhecida em inglês como *"stacking"*, e, entre os marombeiros brasileiros, costuma-se dizer "ciclar" (fazer ciclo – da bomba).

Se todo mundo está tomando isso, não pode ser tão ruim, certo? Certo? Errado.

Acho que essa tabela fala por si mesma. Como qualquer droga ilegal (note que algumas pessoas recebem prescrição de tratamento hormonal por motivos válidos), **não é porque seus amigos estão usando que significa que seja seguro.**

BENEFÍCIOS	Depois de algum tempo tomando o **hormônio**, você vai ficar maior, principalmente se o uso for combinado com uma rotina rigorosa na academia.
EFEITOS COLATERAIS	Mentais/Comportamentais: Agressão * Alterações de humor * Paranoia * Mania * Delírios * Depressão * Pensamentos suicidas * Diminuição do apetite sexual * Insônia Físicos: Dilatação do coração * Ataque cardíaco * Danos ao fígado * Acne severa * Retenção de fluidos * Encolhimento dos testículos * Baixa contagem de espermas * Calvície * Maior risco de câncer de próstata * Risco de HIV e hepatite com o uso da agulha

Além do mais, não sei bem como dizer isso de um jeito delicado: NINGUÉM VAI QUERER TREPAR COM UM PSICOPATA CARECA E MANCHADO COM UM SACO QUE PARECE UMA UVA-PASSA. (Sou famosa pelo meu tato.)

Então é um círculo vicioso. Os caras só parecem bombados durante o período em que estão tomando drogas, assim você sabe que sua forma física não se deve a você nem aos seus esforços na academia – como uma falsa autoestima. Com toda a sinceridade, isso é uma trapaça, pura e simplesmente.

Mais importante que isso, ninguém nunca atingiu a felicidade só por ir à academia. Os caras grandes querem ser ainda maiores. É uma busca interminável por um estado de perfeição que não existe. Caras que tomam esteroides não são mais felizes, só são maiores. Por fim, o *look* incrível Hulk é muito específico, e nem todo mundo curte esse estilo megabombado. Isso não é garantia de encontrar um amor correspondido.

"Dá para perceber quando um cara está tomando esteroides - veias saltadas na cabeça! Eu pessoalmente não acho uma aparência tão legal. Braços e peitos enormes com perninhas raquíticas. Acho repulsivo, para ser sincero."

T, 22, Brisbane, Austrália.

BRIGA DE MENINA

Enquanto os homens gays declaram guerra ao *camp* com seus músculos, as mulheres gays têm suas próprias brigas internas. Essa guerra é sobre feminilidade. Lésbicas masculinizadas (*butch dykes*) muitas vezes têm desavenças com lésbicas mais femininas (*lesbian chic*) e vice-versa. Você ouve muitos argumentos deste tipo:

"Sou lésbica, portanto quero uma mulher que realmente pareça mulher." Ou: "Ela só está fingindo ser delicada; na verdade, é uma caminhoneira."

Como no caso dos homens gay, essas brigas internas não ajudam ninguém – já recebemos agressão suficiente de fora da comunidade. Parece que algumas mulheres sentem que aderir a estereótipos ou evitá-los está de algum modo prejudicando a "causa", mas é claro que isso não é verdade. A pessoa precisa ficar à vontade consigo mesma. É tudo questão de gosto pessoal. Algumas mulheres gostam de maquiagem e moda, e outras não.

Você vai notar que ISSO NÃO TEM NADA A VER COM A SEXUALIDADE. Na verdade, o mais perturbador é que mulheres hétero possam ser "acusadas" de ser gay simplesmente porque não gostam de ficar se preocupando com cabelo, roupas e maquiagem – isso é homofóbico e TAMBÉM sexista.

Além disso, quando a questão é namoro, algumas mulheres são muito a fim de lésbicas *butch*, outras preferem menininhas delicadas – há realmente mulheres para todos os gostos.

LÉSBICAS ODEIAM HOMENS

Uma mistura de má representação na mídia e pura misoginia também alimentou o mito da "lésbica raivosa", a ideia de que todas as mulheres gays são militantes tentando matar e escalpelar os homens. Essa reação é idêntica à que as mulheres recebem dos homens quando usam a palavra "feminismo". É um jeito de os homens reprimirem as mulheres – mantê-las no lugar delas.

Note que feministas muitas vezes são "acusadas" de ser lésbicas. Vamos deixar uma coisa clara. Mulheres gays não odeiam homens. Apenas não querem fazer sexo com eles.

Muitas vezes, ao falar de assuntos femininos, vejo que o termo "homens" é usado para descrever "o patriarcado". Isso também é um erro.

"QUER PARTICIPAR?"

Isto é tão ridículo que mal vale a pena perder tempo comentando, mas a pornografia (tem mais sobre isso depois) levou alguns jovens homens heterossexuais a pensar que mulheres gays usando trajes mínimos vão safadamente convidá-los para fazer um *ménage à trois*, numa daquelas cenas com imagem desfocada. Claramente não é isso o que acontece.

Algumas mulheres bi ou *queer* podem estar procurando sexo a três com homens afoitos da internet, mas a maioria não está. Nenhuma lésbica está procurando isso. Sempre vale repetir: lésbicas gostam de vaginas. Elas também não querem nenhum cara assistindo. EU SEI, que falta de CONSIDERAÇÃO. Percebeu o tom de sarcasmo?

Existe um lado mais grave da ideia de que as mulheres gays estão "esperando o homem certo". Em certas partes da África do Sul, o "estupro corretivo" é uma prática horrenda e abominável em que mulheres gays (chegando a uma estimativa de dez por semana) são estupradas por homens ou grupos de homens "para o próprio bem delas", para transformá-las em heterossexuais. Todos nós, héteros, gays ou o que seja, PRECISAMOS aceitar que mulheres de todas as sexualidades devem ter as mesmas liberdades sexuais que os homens.

GAY *VS.* LÉSBICA

Um dos estereótipos mais estranhos sobre nós é que homens gay odeiam lésbicas e vice-versa. Deixe-me poupar o seu tempo. Se você está conversando com homens gays que desprezam lésbicas (ou então depreciam a vagina como conceito), está falando com imbecis misóginos. Se você está falando com uma mulher gay que classifica todos os homens gays como odiadores de lésbicas, você está falando com uma homofóbica sexista.

Funciona nos dois sentidos.

Nem preciso dizer, pessoas gay muitas vezes demonstram uma assustadora falta de consciência sobre pessoas trans – confundindo o tempo todo *drag queens* com pessoas transgênero.

Não há motivo para esses conflitos além de piadas podres, batidas, vencidas, de humoristas medíocres, que deviam ter sido deixadas para trás junto com os *pagers* e os Tamagotchis.

Mais uma vez, já existe tanta homofobia no mundo. Por que diabos a gente ia querer acrescentar mais?

NEM LÁ NEM CÁ

Coitadas das pessoas bissexuais. Vou incluir pessoas *queer*, pan e curiosas nesta seção também. Como seres humanos, somos treinados para gostar de coisas binárias, por isso pessoas que não se conformam em ser GAY OU HÉTERO muitas vezes podem ser rejeitadas por ambos os lados.

Pessoas héteros pensam que as bissexuais são "gananciosas" ou "indecisas", enquanto pessoas gays tendem mais para "Ah, essa pessoa deve ser gay". Ambos pensam que, "quando ela encontrar a pessoa certa, vai escolher um time". Como eu disse antes, realmente não acho que pessoas bissexuais se dariam ao trabalho de tentar maximizar suas chances. Seria muito MAIS FÁCIL escolher um dos lados, imagino. Portanto, é preciso coragem para se identificar deste jeito.

É você quem decide se acha que as pessoas bi estão tendo o melhor ou o pior dos dois mundos. Eu argumentaria que os bissexuais não estão tendo nenhum dos privilégios da sociedade hétero, enquanto também carecem do senso de comunidade de ser gay ou lésbica.

Vamos todos abraçar uma pessoa bissexual esta semana. Elas também precisam do nosso apoio.

ESTUDOS DE GÊNERO

Se considerarmos que boa parte da homofobia surge da misoginia (caçoar de meninos por "agir como meninas" e de meninas por "agir como meninos"), acho incrivelmente frustrante que as pessoas LGBTQIA+ entrem nessa onda. A misoginia entre homens gay e bi assume a forma de piadas sobre a genitália feminina ("Eca! Vagina! Que nojo!", "Tem cheiro de peixe" etc). Para algumas mulheres gay e bi, misandria é a tal atitude de odiar homens ou de achar que todos são estupradores, como mencionei acima.

Mas tanto homens quanto mulheres cis têm problemas com pessoas trans. Dizer que mulheres trans são "garotas com pau", que pessoas trans não são homens/mulheres *de verdade* e outras coisas semelhantes é algo que desacredita toda a experiência de ser trans – uma experiência que as pessoas cisgênero nunca vão compreender totalmente. É um desrespeito enorme perguntar a pessoas trans sobre seus órgãos genitais ou sobre "a operação". Pessoas trans NÃO são definidas pelo que têm entre as pernas.

E ainda pode ser pior. Pessoas não binárias muitas vezes são alvo de piadas, tanto de gente hétero e cis quanto também de gente LGBTQIA+. É aquela galera que diz "AI, ENTÃO EU ME IDENTIFICO COMO HELICÓPTERO". A terminologia pode ser meio nova, mas sempre existiram pessoas que não se conformam às normas de gênero. Há um lugar especial no Hades para pessoas trans que criticam pessoas não binárias por não seguir a transição médica tradicional.

CONFORMIDADE

Em qualquer grupo haverá sempre normas sociais, e ser LGBTQIA+ não é diferente. Talvez alguns estereótipos tenham surgido destes atributos compartilhados. Mas ninguém tem de se conformar com esses traços. Apesar das centenas de estereótipos que discutimos neste capítulo – relacionados a estilos de cabelo, roupas, comportamento –, é importante lembrar que, mesmo que você de fato se conforme a certos estereótipos, continua sendo um indivíduo. Você é uma pessoa única e pode fazer tudo o que quiser, contanto que tome conta de si mesmo e não machuque ninguém.

Quem você quer ser? Só existe uma regra: sempre seja fiel a si mesmo.

CAPÍTULO 5
O MEDO

Até agora, acho que consegui vender até que bem esse lance de LGBTQIA+. Quer dizer, parece mesmo ótimo, não parece? Você pode se vestir como quiser e beijar quem estiver a fim. É uma coisa super*cool* e tendência. Você pode ser parte de uma subcultura de vanguarda ligada à arte, à música e à moda. Mas, o mais importante, você vai estar em sintonia com a pessoa que realmente é. Você finalmente é você.

EBA!

Ah, se fosse tão simples assim. Enquanto algumas pessoas deslizam elegantemente para fora do armário, sem nenhum esforço como campeãs de patinação no gelo, outras acham o processo mais parecido com o do Bambi aprendendo a andar. Para algumas, fazer as pazes com sua sexualidade e sair do armário é a coisa mais difícil que elas farão na vida.

Mas por que isso é tão difícil para algumas pessoas?

HOMOFOBIA/TRANSFOBIA

A homofobia é descrita no dicionário inglês Merriam-Webster como "medo, aversão ou discriminação irracional contra homossexualidade ou homossexuais". Note a parte "irracional". A definição também se aplica à transfobia.

Falando em termos amplos, a homofobia vem de dois lugares – de dentro e de fora: outras pessoas propagando sentimentos antigay, mas também os próprios indivíduos acreditando que tem algo errado em ser gay ou bi. Novamente, o mesmo se aplica à transfobia. Muitas pessoas trans cresceram em ambientes onde foram levadas a acreditar que existe algo "estranho" em trocar de gênero.

E se você acredita que há algo errado em ser gay, bi ou trans, porém *você* por acaso É gay, bi ou trans? Isso é mais comum do que se imagina. Para facilitar, vamos chamar isso de AUTODESPREZO.

Se uma pessoa jovem acha que tem algo errado em ser LGBTQIA+, ela provavelmente não vai querer cantar sua identidade de cima de uma varanda, no estilo Evita, agitando uma bandeira do arco-íris, certo?

É evidente que a questão aqui é: **por que essa pessoa acha que ser LGBTQIA+ é errado?** Não consigo acreditar que alguém já nasça homofóbico (ou transfóbico), portanto isso deve vir de fontes externas, o que nos leva direto ao problema da homofobia.

HOMOFOBIA EXPLÍCITA

Infelizmente, há pessoas intolerantes de mente pequena por toda parte, e elas ADORAM que você fique sabendo como são idiotas. "É um país livre", dizem. "Posso falar o que eu quiser." Bom, na verdade incitação ao ódio é um crime, então não, você não pode.

- Alguns homófobos odeiam gays porque acham que faz parte da sua fé – vamos lidar com isso no capítulo 6.

- Alguns homófobos acham que isso é sujo ou nojento. *Revirando os olhos*

- Alguns homófobos acham que os gays vão descer escorregando pela chaminé e dar um jeito de convertê-los, como HOMOVAMPIROS.

Está vendo? São irracionais. Além de teimosos, mal informados e ignorantes.

A: HÉTERO

Pessoas transfóbicas sentem uma repulsa semelhante por pessoas trans, seja porque pensam que é impossível alguém mudar de gênero ou porque, como no caso dos gays, veem as pessoas trans como SEDUTORAS PERVERSAS QUE QUEREM ENGANAR VOCÊ COM SEU GÊNERO SECRETO. Converse sobre a Tailândia com algum tipo de pessoa cisgênero, e em questão de segundos ela vai dizer alguma coisa depreciativa sobre o terceiro gênero, eu garanto. Jerry Springer, aquele apresentador de TV, era terrível nesse quesito.

Se uma pessoa jovem foi criada por pais (ou outros responsáveis) que faziam *tsk tsk* toda vez que aparecia um casal gay numa novela, esses adultos passaram para a criança uma mensagem unânime de que não aprovam pessoas LGBTQIA+. Nem precisam ser os pais ou outros responsáveis. Se um grupinho de colegas na escola passou dez anos dizendo "RÁ! ESSE ESTOJO É SUPERGAY!", a mesma mensagem está sendo disseminada: esse estojo é um lixo, e você também é.

É POR ISSO QUE NUNCA DEVEMOS USAR "GAY" COMO TERMO PEJORATIVO. NUNCA.

A linguagem que usamos é incrivelmente poderosa e facílima de internalizar. Eu gostaria que você fizesse uma pequena atividade. Você vai precisar de uma caneta ou lápis. Nestas páginas há duas pessoas (sem gênero). Sem sair das linhas do desenho (não somos animais), escreva todas as palavras (simpáticas ou não) que você conhece para descrever pessoas **hétero** na Pessoa A e pessoas **LGBTQIA+** na Pessoa B.

Terminou? Aposto que tem muito mais coisas escritas na Pessoa B. Talvez você tenha escrito "hétero", "cis" ou "normal" na Pessoa A.

Com a possível exceção de "reprodutor", não existem muitos termos depreciativos sobre pessoas hétero porque a nossa sociedade é governada predominantemente por elas.

No entanto a Pessoa B, imagino, está coberta da cabeça aos pés com gírias maldosas, ofensivas, mal informadas e violentas. Estou certo? Quase qualquer outra palavra além de "gay", "lésbica", "bi", "transgênero", "*queer*" ou "curioso" é inapropriada. Por isso não vou listá-las neste livro – não quero contribuir com essa linguagem tóxica. As palavras mudam, mas sempre haverá palavras brutais para tentar baixar a bola das minorias. Chamamos esta atividade de "exercício de obliteração". A pobre Pessoa B está literalmente obliterada por insultos.

Não sobra nada da pessoa.

É isso o que a homofobia faz com os jovens. Por mais que sejamos impermeáveis a ofensas, imagino que mesmo a jovem pessoa LGBTQIA+ mais durona já pensou "Ah, meu Deus, isto não vai ser fácil". E não é. Nunca. Embora talvez estejamos contentes porque nos descobrimos E talvez tenhamos pais ou outros adultos que nos dão todo o apoio do universo, todos nós SABEMOS que estamos nos expondo a um mundo repleto de ódio.

MAS é essa adversidade que fortalece as pessoas LGBTQIA+. É por isso que dizemos que temos orgulho. Se você é capaz de reconhecer quanto ódio existe no mundo e ainda assim se assume como LGBTQIA+, você, camarada, é uma pessoa guerreira.

Pessoas LGBTQIA+ são FORTES. Porque temos de ser.

HOMOFOBIA/TRANSFOBIA INSTITUCIONAL

Este é um tipo de homofobia muito mais traiçoeiro. Na verdade, algumas pessoas diriam que isso nem é homofobia, mas acho que é tão prejudicial quanto.

Pegue por favor qualquer revista que não seja voltada ao público LGBTQIA+. Pegou? Bom. Então dê uma folheada e cole um Post-it nas propagandas que mostrem explicitamente casais gays (não vale duas mulheres rindo com um prato de salada).

Dica: Você não vai precisar de NENHUM Post-it porque não vai ter **NENHUM** casal.

Poderíamos fazer um teste semelhante no cinema, na TV, na literatura ou no teatro. Com a possível exceção de modelos andróginos como Andrej Pejic, Athena Wilson e Casey Legler, você também não vai ver uma representação decente de pessoas trans.

Apesar de UM MONTÃO de pessoas no mundo ser LGBTQIA+, somos quase invisíveis na mídia, uma coisa que me deixa PERPLEXA, já que uma porcentagem ENORME dos profissionais de produção de mídia são homens gays brancos.

Valores heteronormativos são enfiados pela nossa goela abaixo desde que nascemos. A Cinderela fica com um cara que ela encontrou só uma vez, e a quem ela mentiu; a Pequena Sereia rejeita sua cultura inteira por causa de um bofe; aquela outra princesa até curte uma zoofilia e dá uns beijinhos num SAPO – mas não tem NENHUM modelo de comportamento LGBTQIA+ para crianças.

A coisa não é muito melhor na TV, nos livros e nos filmes. Com poucas exceções notáveis em inglês (*And Tango Makes Three*, *The Family Book*), os materiais para crianças e pré-adolescentes são quase exclusivamente hétero. O mais surpreendente é que o conteúdo dirigido a adolescentes não é totalmente equilibrado. Algumas novelas para adolescentes corajosamente incluem personagens LGBTQIA+ (citemos a novela britânica *Hollyoaks*, com uma excelente presença de personagens LGBTQIA+; e no Brasil a novela adolescente *Malhação*, em poucas temporadas, teve um personagem gay) e algumas escritoras e escritores incluem personagens LGBTQIA+ em seus romances. No entanto, o número de personagens gay provavelmente não corresponde à proporção de adolescentes LGBTQIA+ no mundo real, e com muita frequência os personagens LGBTQIA+ são fugitivos suicidas – não é bem representativo.

Fora da mídia, vamos falar de escolas. Na aula de história, você aprendeu sobre algum ativista gay ou algum(a) personagem importante que fosse homossexual ou trans?

O que tudo isso significa? Por que isso é homofobia? Porque toda vez que você acessa algum canal de mídia (incluindo a internet – o Facebook envia para homens gays propagandas destinadas a solteiros héteros) ou toda vez que você entra na escola tem alguém dizendo que

HÉTERO = NORMAL.

Então só porque uma coisa não está sendo explicitamente hostil a pessoas LGBTQIA+, isso não quer dizer que ela não esteja sussurrando que você é estranho. Bom, é claro que não tem nada errado com você. É o sistema que é uma completa titica de galinha.

BEARD [Barba], Ana Cláudia ou Pochety di Viado

Uma mulher bonita presa ao braço de um homem gay enrustido para convencer o resto do mundo de que ele é um machão hétero, por isso a gíria em inglês "*beard*" [barba].

Muitas vezes vista de braços dados com atores gays enrustidos de Hollywood, tais como NOMES CENSURADOS.

CASAMENTO DE FACHADA

Um casamento falso, armado para fazer com que marido, mulher ou ambos pareçam heterossexuais aos olhos do público. Popular em Hollywood com pessoas como NOMES CENSURADOS, em casamentos aparentemente felizes.

Representatividade importa: poucos atores e atrizes LGBTQIA+ assumidos têm a oportunidade de representar personagens LGBTQIA+ em Hollywood. E isso significa que poucos artistas LGBTQIA+ conseguiram atingir o mesmo sucesso e influência que os cis e hétero.

PARANOIA

Algumas pessoas argumentariam que tanto a homofobia quanto a transfobia têm raízes na desconfiança e na paranoia. Quanto menos entendemos um grupo na sociedade – quanto menos nos damos ao trabalho de aprender – mais temos receios e noções equivocadas. Por muito tempo, as pessoas LGBTQIA+ mantiveram-se relativamente em segredo, aumentando assim a desconfiança.

Houve outro grande ponto decisivo, historicamente, que contribuiu para o medo e a paranoia, em especial entre homens gays: foi a epidemia da AIDS nos anos 1980.

Vamos ter uma aula de história:

A origem precisa do HIV (sigla em inglês para o vírus da imunodeficiência humana) e da AIDS (síndrome da imunodeficiência adquirida) é desconhecida, embora seja provável que a infecção pelo HIV, que ataca o sistema imunológico, tenha passado dos macacos para os humanos na África no começo do século XX. De algum modo, uma pessoa desconhecida portadora do vírus viajou para os Estados Unidos no fim dos anos 1970, e a epidemia – depois uma pandemia – se alastrou.

Por algum tempo, o HIV/AIDS foi chamado de GRID (imunodeficiência relacionada a gays), e até que o mundo da medicina conseguisse atinar para o fato de que a doença podia afetar qualquer pessoa – gay ou não – o estrago já estava feito. HIV/AIDS já tinha se tornado uma "peste gay".

A reputação surgiu de grandes comunidades gay em Nova York e na Califórnia, onde homens gay e bi, que antes não tinham nenhuma necessidade séria de usar camisinhas, espalharam a infecção numa velocidade alarmante. Milhares de homens morreram antes que os clínicos pudessem entender a doença.

Pessoas portadoras de HIV estiveram infectadas durante anos antes de ficar doentes, e contagiaram outras antes mesmo de se dar conta de que estavam carregando o vírus. Já que elas viajavam pelo mundo, a AIDS tornou-se um problema global, afetando TODO TIPO DE GENTE, mas a reputação de que era uma "coisa de gays" pegou.

Durante a década de 1980, foi veiculada no Reino Unido uma terrível campanha de TV que mostrava pessoas sendo esmagadas por uma lápide gigante da AIDS. Isso causou pânico nacional. O problema era que as pessoas não entendiam direito a doença. Algumas achavam que você podia se infectar se usasse a mesma caneca ou assento de privada que um portador do vírus. Isso não é verdade, obviamente – o vírus é transmitido principalmente através do sangue e do sêmen –, mas as pessoas ignorantes ficaram muito receosas em relação aos gays. Não era mais só uma questão de "eles podem tentar me enganar para pôr o pinto no meu bumbum", era mais tipo "esta pessoa pode me matar".

Foram precisos trinta anos para educar melhor as pessoas sobre o HIV/AIDS, e agora há tratamentos eficazes, embora o estigma continue. Muitos homens aberta e orgulhosamente gay (e, neste caso, são sim principalmente HOMENS gay ou bi, não lésbicas) podem revelar-se sem problemas como gay mas não como HIV-positivos, por medo de serem julgados.

Então para muitas pessoas péssimas, de mente pequena, o medo de pessoas gay e o medo do HIV/AIDS estão ligados para sempre. Mesmo que você tenha crescido nos anos 1990, seus pais devem se lembrar vividamente da crise da AIDS. É por saber que os pais ainda podem se preocupar com o HIV/AIDS que muitos meninos gay, em especial, continuam escondidos no fundo do armário, junto com aquela jaqueta mofada e um monte de naftalina.

BULLYING HOMOFÓBICO/TRANSFÓBICO

Bullying é qualquer intimidação ou agressão sistemática – verbal, física ou mental. Homofobia (como discutimos) é o medo irracional de pessoas LGBTQIA+. Junte as duas coisas, e você terá pessoas sofrendo *bullying* por causa de sua sexualidade. O *bullying* transfóbico é voltado contra pessoas vistas como transgênero.

Para sermos precisos: alguém gritando "Ei, veado!" para você na rua não é *bullying* homofóbico, é uma agressão verbal homofóbica. Há uma diferença crucial – *bullying* sugere uma campanha repetida contra um indivíduo ou um grupo.

Vamos começar com **agressão** ou *bullying* físico. Bom, uma agressão física é sempre um crime, portanto a lei está do seu lado. Além disso, o *Criminal Justice Act* (2003) significa que crimes homofóbicos/transfóbicos são tratados com mais seriedade e os infratores recebem penas de prisão mais longas. Algumas forças de polícia também têm um mediador LGBTQIA+ para ajudar vítimas de crimes. Se você sofreu uma agressão física, deve ligar para 190 ou ir à delegacia mais próxima. Se a agressão acontece dentro de uma escola, continua sendo uma agressão, e você deve chamar a polícia ou pedir para que alguém na sua escola faça isso. Não existe nenhuma lei brasileira que puna a homotransfobia. Todas têm sido barradas e alteradas pelos congressistas por pressões de grupos religiosos fundamentalistas. Existem alguns estados e cidades do Brasil que têm leis anti-homofobia (saiba quais no final deste livro).

Ao fazer uma denúncia através de terceiros – na qual se pode pedir que alguém denuncie um crime –, você nem precisa se identificar, caso prefira manter sua sexualidade em segredo.

Bullying na escola

"Quando eu estava no nono ano, saí do armário e contei aos meus amigos; eles aceitaram numa boa, então contei para o meu pai. Perguntei se existia algum apoio na escola, porque eu estava sofrendo *bullying*. As pessoas me provocavam, e uma vez vários caras num corredor pararam encostados contra a parede e disseram 'Protejam suas bundas'. Eu falei para os professores que estava sofrendo *bullying* e fui procurar a orientadora educacional. Ela então fez uma apresentação sobre *bullying* homofóbico. Ela pediu para eu falar sobre isso para todo mundo, o que foi superdifícil. Depois da reunião, a maioria das pessoas parou de me atormentar; só algumas continuaram. Muita gente ainda vem até mim e diz como fui corajoso."

N, 17, Burgess Hill West Sussex, Inglaterra.

COMO CONTESTAR LINGUAGEM HOMOFÓBICA

"ISSO É TÃO GAY" e "QUE VIADAGEM" ainda são frases usadas com frequência demais nas escolas. O que você pode fazer se ouvir isso? Veja algumas abordagens possíveis:

- Questionadora: "O que você quer dizer com isso?"
- Didática: "Você sabe o que 'gay' realmente significa?"
- Institucional: "Esta escola é um lugar tolerante; você não pode dizer isso."
- Sensível: "Eu considero isso ofensivo e homofóbico."
- Engraçada: "Ah, puxa, você tem razão, estas meias REALMENTE se amam, mesmo as duas sendo fêmeas."

Você só deve contestar linguagem homofóbica ou transfóbica se for seguro fazer isso – não entre em brigas nem se coloque em risco.

O *bullying* homofóbico e transfóbico ainda é um enorme problema nas escolas. Por quê? Se você perguntasse aos jovens "Você odeia gays?", a maioria deles provavelmente diria que não. Acho que é porque TODO tipo de *bullying* é um problema nas escolas, e num ambiente tão fechado as pessoas dão vazão à agressividade de todos os jeitos possíveis. Portanto, seja o seu cabelo, seu peso, seus óculos, seu aparelho dentário, suas roupas OU sua sexualidade aparente, as pessoas sempre vão encontrar alguma coisa para agredir.

O QUE NÃO QUER DIZER QUE ISSO É OK.

Você pode, é claro, fazer sua parte e não agredir outras pessoas. Não acho que ninguém seja isento de culpa em relação ao *bullying* na escola. Acho que, num mesmo dia, um indivíduo pode tanto ser agressor quanto vítima.

Note como eu falei sexualidade APARENTE. Lembre, não são só pessoas LGBTQIA+ que sofrem *bullying* homofóbico – muitas pessoas hétero são vítimas de ofensas homofóbicas também.

O impacto do *bullying* homofóbico é enorme. Pesquisas realizadas pela Stonewall, uma instituição de caridade britânica em prol dos direitos de pessoas gay, descobriram que 50% dos jovens estudantes LGBTQIA+ já tinham cabulado aula, enquanto 70% disseram que o *bullying* tinha afetado seu desempenho na escola. Bom, essa situação precisa melhorar.

O *bullying* homofóbico e transfóbico pode vir de diversas formas:

- Agressão verbal (xingamentos)
- Fofocas e boatos
- Exclusão (ser deixado de fora das coisas)
- *Cyber-bullying* (por mensagens na internet ou SMS)
- Ameaças de morte

- Violência física

- Agressão sexual

No Reino Unido, a lei está do seu lado. POR LEI, uma escola tem de combater todas as formas de *bullying*. Já no Brasil a situação é bem grave nesse sentido. Assim como não existem leis que combatam a homofobia em nível federal, não existem projetos para atenuar o *bullying* homotransfóbico nas escolas. Projetos como "Escola sem Homofobia" foram vetados pela presidente Dilma Rousseff, em 2011. Em 2015, votações do Plano Municipal de Educação retiraram a questão de gênero de seu projeto educativo. Tudo por pressões religiosas. Mas, apesar disso, se você sofrer homotransfobia na escola ou no trabalho, procure uma ONG mais próxima de sua cidade (a lista está no final do livro), a Defensoria Pública, as coordenações municipais e estaduais de diversidade sexual e de gênero, se existir alguma em seu município ou estado, ou ligue no Disque 100, um serviço do Departamento de Ouvidoria Nacional dos Direitos Humanos. Bom, em geral, as escolas deveriam proporcionar um espaço seguro e precisam tomar INICIATIVAS para fazer com que os jovens LGBTQIA+ se sintam incluídos – não basta as escolas simplesmente nos tolerarem.

Seja como um PORTÃO ENFERRUJADO: Se você educadamente fizer barulho na sua escola, alguém vai acabar passando óleo nas dobradiças.

A HISTÓRIA DE DOUGLAS

Em 2008, me mudei de volta para a Escócia depois de ter morado fora – tinha dezesseis anos e estava decidido a entrar na universidade dali a dois anos.

"Aí, tá vendo aquele cara novo do Canadá? Veado da p*rra."

O que o Kyle tinha dito para o Graeme no corredor, indiferente à minha presença, ficou na minha cabeça. 'Como ele sabia?', pensei. De onde veio tudo isso? Eu mal conheço ele!

Ele, que só havia falado comigo uma única vez antes, tinha feito todas as suposições necessárias para começar uma campanha de dois anos de medo e isolamento nos meus últimos anos de ensino médio. Eu podia achar que era por causa da imaturidade dele - ele era um ano mais novo que eu -, mas essa desculpa já não colava. Houve ataques verbais diretos e uns poucos ataques físicos do Kyle e do Graeme na aula de educação física. Tentar explicar para os outros por que você tem enormes manchas roxas no corpo por ter sido atingido várias vezes com tacos de hóquei não é uma coisa fácil de fazer. De algum modo, eu conseguia inventar explicações.

Preciso admitir, vejo o que aconteceu e quero gritar por ter sido tão ingênuo e não ter falado nada antes. Uma sexta-feira, na última aula, eu estava discutindo com uma amiga, a quem já tinha contado que era gay, quais eram nossos planos para o fim de semana. Os planos envolviam encontrar meu namorado da época para fazer qualquer coisa no sábado.

"É tão legal", disse a Gemma, "você ter conseguido encontrar um namorado."

Fiquei chocado e totalmente apavorado quando uma menina sentada atrás de mim exclamou: "Você é gay?! Eu nunca teria adivinhado!"

Isso seria tolerável, mas então havia dois problemas: primeiro que agora toda a minha classe de francês sabia, e segundo que o Kyle sentava logo atrás daquela menina. Os últimos quinze minutos da aula passaram arrastados, e não me lembro de muita coisa além do meu avassalador sentimento de culpa e vergonha, e de uma excruciante falta de dignidade; as pessoas estavam me demonizando e me defendendo ao mesmo tempo. O Kyle finalmente teve a confirmação que queria: o Douglas é gay.

Lembro que saí mais cedo para buscar meus instrumentos no departamento de música e andei correndo até o meu armário. Quando os outros alunos do meu ano chegaram nos armários, todo mundo já sabia. Alguns colegas me deram apoio, mas o Kyle, o Graeme e os amigos dele tiveram o grande prazer de me atormentar enquanto eu recolhia minhas coisas.

Eu não queria voltar para a escola na segunda. Cheguei atrasado de propósito para não ter de encontrar ninguém na entrada. A essa altura, minha orientadora tinha um registro dos incidentes que eu havia relatado para ela.

Umas semanas depois, eu estava parado na estação de trem esperando um táxi para me levar para casa. (Eu não me sentia, e ainda não me sinto, seguro para voltar a pé para casa sozinho à noite.) O Kyle e o Graeme passaram por mim e começaram a gritar xingamentos para mim na rua. Eu tinha aprendido a lidar com isso na escola, mas não na rua. Eles foram embora e eu entrei num táxi. Quando finalmente cheguei em casa e estava em segurança, eu chorei.

Por que eu? Como eles podiam achar isso aceitável? Até onde eu conseguia entender, o que eles estavam ridicularizando era o que eu fazia entre quatro paredes, mas de algum jeito eles tinham chegado até o âmago da minha identidade.

Como combater *bullying* homofóbico/transfóbico na escola

Estas atitudes podem funcionar bem para qualquer tipo de *bullying*:

- Se você sente que está sendo vitimizado, crie um diário. Não do tipo "Caro diário, sonhei com ele de novo..." – mas tipo nomes, datas, horários e lugares. Faça uma lista de testemunhas confiáveis do(s) incidente(s).

- Esta é a parte difícil. Conte a alguém em quem você confia e mostre o seu diário.

  Eu sei – se você contar a alguém, só vai piorar as coisas, certo? ERRADO. É nisso que as pessoas confiam para controlar você. *Bullying* é tudo uma questão de poder e controle. Se você colabora com o que o seu agressor quer, está dando todo o poder a ele.

  Será muito difícil argumentar contra o seu diário (e as suas testemunhas). Muitas pessoas jovens acham que ninguém vai acreditar nelas. Mas alguém vai acreditar em VOCÊ. Se o primeiro professor não reagir, vá além dele. Encontre alguém disposto a ouvir, alguma ONG LGBTQIA+ que defenda os seus direitos. Novamente, é você que está no controle.

- Se você sofreu uma agressão física ou sexual, deve procurar o Núcleo de Combate à Discriminação da Defensoria Pública, o Conselho Tutelar e ONGs LGBTQIA+ e ligar para o Disque 100, que é do Departamento de Ouvidoria Nacional dos Direitos Humanos.

- O que vai acontecer em seguida? Bom, depende da escola e das circunstâncias. Por lei, eles têm de agir. Não vou mentir – a situação provavelmente não vai desaparecer; mas, se você insistir, sua escola vai ter de tomar atitudes cada vez mais sérias para proporcionar um espaço seguro a você.

Meu conselho é NUNCA ACEITE CALADO. Por mais difícil que seja, LUTE.

Como último comentário sobre *bullying*, esteja ciente de que, quando você sair da escola, sua vida como jovem LGBTQIA+ vai melhorar, mas só porque a vida de todo mundo melhora quando se sai da escola. Este se tornou o *slogan* do movimento contra o *bullying* homofóbico, mas A COISA MELHORA.

DISCRIMINAÇÃO NO TRABALHO

"Cerca de um ano depois do começo [da minha transição MTF], seis meses depois que eu comecei a me apresentar como eu mesma o tempo todo, meu empregador, que no começo parecera compreensivo, teve atitudes demonstrando querer que eu saísse da empresa. Acabei poupando o transtorno jurídico para eles e simplesmente pedi demissão, porque a situação estava ficando insuportável. Basicamente não existe proteção, e você com certeza vai mudar de emprego em algum momento, ou porque demitem você ou porque tornam as coisas tão desagradáveis até você ir embora por vontade própria. Como exemplo de coisa desagradável, também é bastante comum (como aconteceu comigo) pedirem para você se limitar a usar um banheiro de uma pessoa só, caso exista um; no meu caso, o único banheiro disponível ficava num lugar onde eu tinha de ir de elevador, e era mal ventilado, tinha um cheiro horrível, diferente dos banheiros normais daquele prédio. Também conheço várias mulheres trans cujos empregadores exigem que elas usem o banheiro masculino."

Irene, 22, Nova Jersey, EUA

Mas e se a vida não melhorar quando você entrar para o mundo do trabalho? Como discutimos, há pessoas de mentalidade pequena por toda parte, infelizmente – no escritório, no hospital, na delegacia, em qualquer lugar que você imagine. Existem algumas leis em certos estados e municípios que protegem a população LGBTQIA+ (veja no final do livro). Nesses casos, isso significa, legalmente, que você não pode sofrer discriminação quando candidatar-se a um emprego, nem em instituições de ensino, nem ao comprar ou alugar imóveis, nem ao acessar serviços públicos (ex., médicos ou dentistas).

Quando você tiver um emprego, não pode sofrer demissão por ser LGBTQIA+, receber um salário menor do que colegas hétero cisgênero, ser preterido para promoção, ou ser desligado por corte de pessoal (por ser LGBTQIA+). Se você simplesmente é muito ruim no trabalho que faz, então aí o problema é seu, obviamente.

Se você acha que sofreu discriminação no trabalho, pode falar com o departamento de recursos humanos (caso exista um) ou pedir a mediação de um órgão externo, como o de Defensoria Pública e, se houver em sua cidade ou estado, as coordenações municipais e estaduais de diversidade sexual e de gênero. Esses tipos de disputa muitas vezes são resolvidos na Justiça.

Não tem nenhuma graça

Quando eu falei antes que não é tudo Kylie e canapés, eu não estava brincando. A homofobia mata. As seguintes estatísticas são REAIS, a cada 27 horas um LGBTQIA+ é morto no Brasil por crime de ódio, e o país registrou 326 mortes dessa população em 2014 (fonte: GGB – Grupo Gay da Bahia) por homotransfobia. Por isso é que todos temos de enfrentar o ódio.

- Uma em cada seis pessoas LGBTQIA+ no Reino Unido sofreu um crime ou incidente de ódio nos últimos três anos.

- Jovens LGBTQIA+ que sofrem *bullying* têm um risco maior de suicídio, automutilação e depressão. 41% já tentaram ou consideraram tirar a própria vida por causa de *bullying*, e a mesma porcentagem diz que se automutila de propósito por causa de *bullying*.

- 49% das meninas lésbicas e bissexuais relatam sintomas consistentes com depressão, em comparação com 29% dos meninos gays e bissexuais.

- Um em cada sete homens gays e bissexuais (13%) relata depressão moderada a grave, em comparação com 7% da população geral.

- 79% das mulheres lésbicas e bissexuais relataram um período de tristeza, sofrimento ou depressão no último ano.

- Jovens LGBTQIA+ têm 190% mais chances de abuso de drogas e álcool em comparação com jovens héteros. (Universidade de Pittsburgh, 2008)

Exceto onde indicado, todas as estatísticas referem-se ao Reino Unido e são cortesia do "Stonewall School Report 2012", "Gay and Bisexual Men's Mental Health Survey 2011", "Homophobic Hate Crime: The Gay British Crime Survey 2013".

BUM!

Essa foi uma bomba de lágrimas detonando na sua cara. Pois é, eu sei que ler tudo isso é superdeprimente, mas sou a favor da VERDADE. É evidente que ser LGBTQIA+ não torna uma pessoa automaticamente deprimida nem suicida, mas o fato é que jovens LGBTQIA+, quando expostos a ódio ou homofobia ou convivendo com ansiedade e ameaças, tendem a ser vulneráveis a problemas de saúde mental.

É por isso que todos nós – todas as pessoas LGBTQIA+, jovens e velhas – ainda estamos trabalhando para conquistar uma maior aceitação e contestando a homofobia. Mesmo um livro como este seria impensável dez anos atrás. Que ABSURDO! Um livro sobre VOCÊ na biblioteca da escola! O que vai ser depois?!

Esperamos que, conforme aumentem essa tolerância, a compreensão e a visibilidade de pessoas LGBTQIA+, a homofobia se extinga junto com as pessoas ignorantes onde ela se instala.

CAPÍTULO 6
AS INIMIGAS VÃO ODIAR

Além de certo autodesprezo incômodo, há motivos mais práticos para que uma pessoa talvez escolha não se identificar como lésbica, gay, bissexual ou trans – ou no mínimo manter isso em segredo. Dependendo de onde você mora e da religião em que nasce, as circunstâncias podem variar muito. Esta seção, apesar de não ser cheia de piadas HAHA, é importantíssima porque, embora ser gay seja totalmente mara, não é uma coisa nem um pouco confortável para milhares de pessoas no mundo todo. E, quem sabe, talvez a gente consiga fazer alguma diferença.

O que é irritante é que a homofobia é uma coisa cultural. Na antiguidade, as pessoas tinham a mente superaberta sobre esses lances gays. Veja a Safo na ilha dela; olhe a cultura homossexual dos gregos e dos romanos. Infelizmente a maré virou quando os missionários cristãos puseram na cabeça que precisavam viajar pelo mundo dizendo a todas as pessoas como o casamento devia ser feito. A partir daí, foi só ladeira abaixo no que diz respeito à aceitação da homossexualidade.

Em vários países do mundo, as pessoas LGBTQIA+ têm sorte porque, mesmo que as inimigas amargas fiquem nos azucrinando, pelo menos temos ONGs e militantes LGBTQIA+ que poderão nos ajudar e nos informar como proceder.

AULA DE HISTÓRIA BRASILEIRA

O famoso verso de uma música homônima de Chico Buarque, cantada por Ney Matogrosso, que diz que "não existe pecado do lado de baixo do Equador" era realmente verdade. Relatos sobre inúmeras tribos indígenas desde a época da colonização indicavam a presença de gays, lésbicas e transexuais sendo totalmente integrados a essas sociedades. Mas aí... chegaram os portugueses e com eles a Inquisição, que literalmente fervia naquela época. Condenados em Portugal, homossexuais como

Estêvão Redondo, em 1547, eram enviados ao Brasil, onde quem praticasse "sodomia" era condenado à morte.

Em 1591, o vigário Frutuoso Álvares era detido pela Inquisição sob a acusação de praticar o "pecado nefando". Conseguiu não ir pra fogueira, mas "queimou seu filme" para uma sociedade conservadora e preconceituosa que não via com bons olhos os relatos das relações do vigário com jovens mancebos "consentindo que cometessem com ele pelo seu vaso traseiro". Só no século XIX, as leis amenizam um pouco o bafo contra as pessoas LGBTQIA+. Em 1821, a "sodomia" deixa de ser punida, e, nove anos depois, em 1830, o Código Penal aponta que a homossexualidade não é mais considerada crime.

Entretanto, isso não significava que a partir de então seria tranquilo para a diversidade sexual. De crime, o homossexualismo e a transexualidade acabaram sendo consideradas doenças (a população T continua a luta para despatologizar sua condição). Ainda hoje, muito religioso pensa com a cabecinha do século XIX e promete a tal "cura gay". De qualquer forma, pessoas LGBTQIA+ foram enviadas a manicômios e estudadas como aberrações.

Só nos anos 1970, com a contracultura, a homossexualidade no Brasil começa a sair do armário de forma saudável. Um grupo formado pelos escritores João Silvério Trevisan, Aguinaldo Silva e outros fundou, em 1978, o primeiro jornal homossexual brasileiro, o *Lampião da Esquina*. Junto com a publicação, Trevisan funda o Somos: Grupo de Afirmação Homossexual. Essa semente vai culminar na Parada Gay, que enche as ruas do país de orgulho gay desde os anos 1990.

No Brasil, desde 2013, os homossexuais podem se casar, adotar filhos e ter os mesmos direitos que os casais heterossexuais. Porém, não existe nenhuma lei que proteja as pessoas LGBTQIA+ dos crimes de ódio, e o país é considerado o que mais mata essa população no mundo.

VOLTA AO MUNDO EM (QUASE) OITENTA HOMOFOBIAS

Não escolhemos o lugar onde nascemos. Apenas surgimos onde nossa mãe por acaso estava nove meses depois de termos sido concebidos. Também não escolhemos ser gay ou bi – nossa atração homossexual sempre esteve ali desde que temos memória. Da mesma maneira, pessoas trans, na maioria das vezes, sempre sentiram que não estavam no corpo certo, ou pelo menos sentiam um desconforto com as normas de gênero.

Num mundo ideal, não importariam o lugar onde você nasceu NEM sua orientação sexual, mas essa loteria total está tendo um grave impacto em pessoas do mundo todo. O Reino Unido talvez tenha criado juízo ao longo dos últimos cinquenta anos, e é considerado o país mais avançado do mundo em questão de direitos LGBTQIA+, mas em comparação outros países estão na idade das trevas em relação a esses direitos LGBTQIA+.

Vamos embarcar no que eu chamo de ROLÊ DA VERGONHA – países e territórios onde os direitos humanos não funcionam direito (essa foi hilária, não?).

PAÍSES ONDE NEM HOMENS NEM MULHERES PODEM FAZER SEXO HOMOSSEXUAL

Afeganistão, Angola, **Antígua e Barbuda**, Arábia Saudita, Argélia, **Barbados**, Belize, Botswana, Burundi, Camarões, Catar, Comores, Dominica, **Emirados Árabes Unidos**, Eritreia, Etiópia, Gâmbia, Guiné, Iêmen, Ilhas Marshall, Ilhas Salomão, Irã, Libéria, Líbia, **Malásia**, Malawi, **Maldivas**, **Marrocos**, Mauritânia, Nigéria, Omã, Saara Ocidental, Samoa, **Santa Lúcia**, São Vicente e Granadinas, Senegal, Somália, **Sri Lanka**, Sudão, Sudão do Sul, Tanzânia, **Tunísia**, Uganda, Zâmbia e algumas partes da Nigéria e Zanzibar, que pertence à Tanzânia

Este livro é gay **103**

PAÍSES ONDE DOIS HOMENS NÃO PODEM FAZER SEXO, MAS NÃO HÁ REGRAS PARA AS MULHERES
Bangladesh, Birmânia (Myanmar), Brunei, Butão, Cingapura, Fiji, Granada, Guiana, Ilhas Cook, Jamaica, Kiribati, Kuwait, Líbano, Maurício, Namíbia, Palestina-Gaza, Papua Nova Guiné, Paquistão, Quênia, Reino de Essuatíni, República da Tchetchênia na Rússia, São Cristóvão e Neves, Serra Leoa, Togo, Tonga, Turcomenistão, Tuvalu, Uzbequistão e Zimbábue

PAÍSES QUE PROÍBEM O SEXO GAY MASCULINO E ÀS VEZES APLICAM ISSO A MULHERES GAY	PAÍSES QUE CONSENTEM CASAIS HOMOSSEXUAIS MAIORES DE IDADE
Gana, Síria	Bahamas, Bermuda, Chile, Costa do Marfim, Indonésia, Madagascar, Níger, Suriname, Vanuatu, alguns estados nos Estados Unidos e Queensland, na Austrália

PAÍSES QUE APLICAM A PENA DE MORTE — SIM, MORTE — PARA CASAIS HOMOSSEXUAIS	PAÍSES QUE OFICIALMENTE TÊM DIREITOS PARA PESSOAS LGBTQ, MAS ONDE PESSOAS LGBTQ ENFRENTAM PERSEGUIÇÃO
Afeganistão, Arábia Saudita, Emirados Árabes Unidos (i.e., **Dubai**), Iêmen, Irã, Maldivas, Mauritânia, Paquistão, Qatar, República da Tchetchênia, na Rússia, Sudão e algumas partes da Nigéria e Somália	Egito, Indonésia, Iraque, Polônia, Rússia

Essas tabelas eram atuais em 2020. Com sorte, as listas vão diminuir cada vez mais até que não haja mais necessidade dessa lista de chamada da vergonha.

Os países podem sim mudar sua posição; por exemplo, Moçambique recentemente descriminalizou a atividade homossexual... Uhu! Guaraná e brigadeiro para todo mundo. Quando a edição original deste livro foi publicada, em 2014, atos homossexuais na Índia eram permitidos por lei, depois foram criminalizados e, agora, foram descriminalizados de novo! Oba!

Entretanto – e é um grande entretanto –, só porque os países restantes legalizaram o comportamento homossexual, isso não significa que seja FÁCIL sair transando por aí sem repercussões. Em muitos países, um bom exemplo sendo a Indonésia, é legalmente permitido fazer sexo homossexual, mas as pessoas enfrentam grandes dificuldades quando saem do armário.

Além do mais, a vasta maioria dos países onde é "legalmente permitido" ainda tem todo tipo de legislações homofóbicas horrendas em vigor – não há casamento nem união civil homossexual, não há leis de adoção... muitos não oferecem sequer a proteção mais básica além de "Já é permitido por lei, o que mais você quer?". É claro que isso não é bom o suficiente, e as campanhas ainda têm muito a conquistar.

É fácil pensar nos países onde ser gay é ilegal como lugares longíssimos. Distantes demais para você se preocupar. Bom, e o caso da Rússia, onde grupos LGBTQIA+ estão sendo perseguidos apesar de serem permitidos por lei? E quanto à Grécia, onde homens gay e prostitutas estão sendo obrigados a fazer testes de HIV contra sua vontade? São vizinhos do Reino Unido. É assustador. Perto do Brasil, as coisas também não são fáceis para as pessoas LGBTQIA+. Se pensarmos que, em Cuba, nos anos 1960 e 1970 os gays eram mandados para campos de concentração, pode parecer que as coisas melhoraram. Porém, hoje, na Jamaica o sexo entre dois homens pode dar dez anos de cadeia, e na Guiana, que faz fronteira com o nosso país, a chamada relação homossexual pode resultar em condenação à prisão perpétua.

A HISTÓRIA DE BRYAN

"Bryan", 21, mora em Cingapura

A situação em Cingapura é muito estranha. Embora as pessoas gay estejam se tornando cada vez mais visíveis, legalmente não temos direitos. Temos a Pink Dot SG, que é mais ou menos como uma parada do Orgulho Gay, e os "Arts Venues" [centros artísticos], que são lugares para gays se encontrarem. Nunca soube de ninguém que tenha sido preso, mas é ilegal dois homens fazerem sexo. Eu pessoalmente não entendo. Cingapura é um lugar bonito e tolerante, por isso é difícil entender por que não temos leis para nos proteger.

Transgênero – situação global

A seguinte tabela lista países com leis e regras que protegem pessoas transgênero:

PAÍSES QUE PERMITEM QUE PESSOAS ADOTEM UMA NOVA IDENTIDADE DE GÊNERO (NA MAIOR PARTE DOS CASOS, APÓS CIRURGIA DE REDESIGNAÇÃO DE GÊNERO)
África do Sul, Alemanha, Argentina, Austrália, Azerbaijão, Bélgica, Bolívia, Brasil, Canadá, Chile, China, Colômbia, Coreia do Sul, Croácia, Cuba, Equador, Eslovênia, Espanha, Finlândia, França, Geórgia, Grécia, Guam, Islândia, Israel, Itália, Japão, Letônia, Malta, México, Moldávia, Montenegro, Nepal ("terceiro gênero"), Noruega, Nova Zelândia, Países Baixos, Panamá, Paquistão ("terceiro gênero"), Peru, Polônia, Porto Rico, Portugal, Reino Unido, República Tcheca, Romênia, Rússia, Suécia, Suíça, Taiwan, Turquia, Ucrânia, Uruguai e a maior parte dos Estados Unidos

A situação das pessoas trans é muito pouco clara ao redor do mundo – a maioria dos países não tem leis explícitas abordando a questão, o que mais ou menos significa nenhuma proteção para pessoas trans. Todos os países citados têm leis protegendo-as. No entanto, como no caso dos direitos LGB, em muitos países da lista PARECE que há aceitação mas na realidade as coisas podem ser bem diferentes. Por exemplo, muitos desses países do quadro insistem em esterilizar uma pessoa antes de lhe conceder uma nova identidade de gênero. Bem que avisei que esta seção não era exatamente um balde de gargalhadas.

O que você pode fazer para ajudar?

Pessoalmente, não acho que seja suficiente ficar zangado com o tratamento às pessoas LGBTQIA+ ao redor do mundo. Temos de fazer a nossa parte, né? Para começar, no quadro de países onde ser gay é ilegal, deixei em negrito os países que são populares como lugares turísticos.

- PRIMEIRO PASSO – SAIBA ONDE ESTÁ PISANDO: Sinceramente, melhor evitar certos países onde a homotransfobia é grande. Para começo de conversa, você não vai poder xavecar ninguém quando estiver lá. Além disso (e mais seriamente), o que vai acontecer se você precisar depender da polícia ou de hospitais num lugar onde não se reconhece legalmente que você tem direitos iguais?

Acho que muitas pessoas LGBTQIA+ pensam que só porque um lugar é acolhedor para turistas também é acolhedor para gays. Isso simplesmente não é verdade. Em vez da Jamaica ou de Barbados, vá para Grande Caimão. Está vendo? É fácil. Faça sua lição de casa[1].

---

[1]. Muitos ativistas sugerem boicotes aos países homofóbicos, mas não será uma forma de deixar de entender por que a homotransfobia é grande naquele lugar? (N. do E.)

- **SEGUNDO PASSO – APOIE INSTITUIÇÕES DE CARIDADE:** Podemos ajudar na luta apoiando grupos que lutam em nosso nome.

Anistia Internacional: Desafia governos e autoridades a cumprir sua responsabilidade de proteger pessoas LGBTQIA+ desse tipo de injustiça. A organização faz campanhas para proteger defensores dos direitos humanos que se colocaram em risco falando abertamente contra injustiças com base na sexualidade ou na identidade de gênero.

ONGs LGBTQIA+: Procure a mais próxima de sua cidade, conheça os projetos e a atuação delas. Em geral, são elas que ajudam quando você sofre qualquer violência homofóbica a proceder da melhor forma.

All Out: É uma entidade internacional com um braço no Brasil. Agem com campanhas virtuais formulando petições para pressionar governos e entidades contra atitudes homotransfóbicas. Eles incentivaram o grupo Mães pela Igualdade, em 2012, quando foi realizada uma exposição com fotos de pais contando como aceitam a orientação sexual de seus filhos. Hoje, o grupo Mães é uma peça fundamental da militância LGBTQIA+ no Brasil, abrindo a Parada de São Paulo, considerada a maior do mundo.

Associação Brasileira de Gays, Lésbicas e Transgêneros (ABGLT): Criada em 1995 e reunindo diversas ONGs, é a maior organização na América Latina e cuida de acompanhar campanhas afirmativas para LGBTQIA+, assim como programas de combate à AIDS e DSTs (doenças sexualmente transmissíveis).

Todos esses grupos dependem de doações. Isso significa que você precisa alegremente enfiar a mão no bolso e doar tudo o que puder. Algumas instituições de caridade estão listadas na seção "Telefones, sites e outras coisas úteis" no fim deste livro.

OS GAYS CONTRA A RELIGIÃO

Sabe quando dissemos que não é muito legal quando as pessoas dizem que TODOS os homens gays são assim ou TODAS as lésbicas são assado? BOM, isso é tão grosseiro quanto alegar que TODOS os cristãos pensam assim ou TODOS os muçulmanos pensam assado. Antes de entrarmos numa discussão sobre o que cada uma das principais religiões do mundo pensa sobre homossexualidade, é importante afirmar que todas as pessoas religiosas são indivíduos mais do que capazes de formar sua própria opinião sem se guiar pelo que está nos textos sagrados.

Para ser sincero, a maior parte das pessoas religiosas provavelmente está pouco se lixando para o que você faz na cama – provavelmente estão se preocupando com a conta do gás ou se deixaram a chapinha de cabelo ligada.

No entanto, embora as pessoas religiosas sejam mais ou menos progressistas em sua maioria, há indivíduos e regimes que insistem em se apegar a pedaços de papel multimilenares, em nome do ódio. Se você voltar à lista de países onde ser gay é ilegal, perceberá que eles tendem a possuir o sistema legal ligado a um regime religioso – sem citar nomes mas, tipo, você sabe, Arábia Saudita.

Antes de eu picar em pedacinhos uns velhos lances religiosos, **tenho fé que a vasta, vasta maioria das pessoas religiosas usa o ensinamento de (qualquer) Deus para encontrar tolerância e amor para todos os homens. E para todas as mulheres** (pois é, algumas religiões são megassexistas também).

A maioria das pessoas religiosas vê seus textos sagrados como um guia geral para a vida – uma espécie de orientação moral. O problema acontece quando uma minoria leva ao pé da letra as palavras escritas – e o sentido de algumas dessas palavras pode até ter sido mal interpretado. As histórias e poemas sagrados foram escritos por humanos há muitas centenas de anos, portanto podem conter erros, traduções equivocadas ou acréscimos. É meio como uma brincadeira de telefone sem fio que está rolando há séculos – algumas coisas acabam se perdendo no caminho.

A coisa mais próxima de um profeta que eu tenho é a Madonna. Agora, e se eu saísse por aí levando ao pé da letra tudo o que ela diz?

Olhe a letra de *"Express Yourself"* e a de *"Material Girl"*... no mínimo contraditórias, tenho certeza de que todo mundo concorda!

Vamos dar uma olhada nas principais religiões do mundo e examinar suas visões tradicionais primeiro sobre homossexuais, depois sobre pessoas transgênero.

1. Hinduísmo e budismo

Vamos começar com o positivo. O hinduísmo e o budismo são bastante tranquilos em relação tanto à homossexualidade quanto a questões trans. A arte hindu representa diversas figuras praticando atos homossexuais, enquanto a ideia principal do budismo é sentir-se em união com o mundo, o que, neste caso, nos inclui.

Um viva para o hinduísmo e o budismo!

2. Cristianismo

Como você sabe, há diversos ramos da igreja cristã, e cada um tem uma postura diferente sobre a homossexualidade. Na Igreja Católica, a homossexualidade é considerada um pecado. Entre as igrejas protestantes, algumas são mais tolerantes, como os metodistas e os quakers, outras infelizmente têm um problemão com os gays, como os batistas e os evangélicos.

Então qual é o problema? Bom, é tudo questão de TRADUÇÃO e LINGUAGEM. Existe um monte de traduções da Bíblia (o livro sagrado dos cristãos), e todas elas são ligeiramente diferentes. Neste livro tem um ou outro trecho que é bem ruim para a homossexualidade. As questões vêm de duas partes principais da Bíblia. As citações abaixo são traduzidas da famosa versão inglesa do rei Jaime, e eu as coloquei numa FONTE ASSUSTADORA. Sem nenhum motivo...

"E ELES CHAMARAM LÓ, E DISSERAM-LHE, ONDE ESTÃO OS HOMENS QUE VIERAM A TI ESTA NOITE? TRAZE-OS A NÓS, PARA QUE POSSAMOS CONHECÊ-LOS." Gênesis 19:5 (Nesse caso, "conhecê-los" significa "transar com eles", acredita-se.)

"ASSIM COMO SODOMA E GOMORRA, E AS CIDADES À SUA VOLTA DE MODO SEMELHANTE, ENTREGANDO-SE À FORNICAÇÃO, E PROCURANDO CARNE ESTRANHA, SÃO OFERECIDAS COMO EXEMPLO, SOFRENDO A VINGANÇA DO FOGO ETERNO." Judas 1:7 (Acredita-se que "carne estranha" significa, nesse caso, "transar".)

Então o que está acontecendo aqui? Resumindo, as cidades de Sodoma e Gomorra ficavam no vale do rio Jordão até que o juízo divino se manifestou e elas foram destruídas pelo fogo dos céus. Parece um excelente episódio de Buffy, até você perceber que algumas pessoas usam essa história para perseguir as outras.

Em algumas interpretações do texto hebraico (versões dessa história aparecem na Torá, na Bíblia e no Corão), acredita--se que o comportamento que tanto desagradou a Deus foi a homossexualidade.

Isso está AMPLAMENTE aberto a interpretação, como descobriremos em breve.

Mais advertências bisonhas do livro Levítico:

"NÃO TE DEITARÁS COM HOMENS, COMO COM MULHERES: É UMA ABOMINAÇÃO." Levítico 18:22

"SE UM HOMEM TAMBÉM SE DEITA COM HOMENS, ASSIM COMO SE DEITA COM UMA MULHER, AMBOS COMETERAM UMA ABOMINAÇÃO: CERTAMENTE SERÃO CONDENADOS À MORTE; SEU SANGUE CAIRÁ SOBRE ELES." Levítico 20:13

Meio drástico demais.

COMO DISCUTIR COM UMA PESSOA CRISTÃ

Então, se você tiver o azar de se deparar com um cristão homofóbico e literalista, como fará para se defender? Conhecimento é poder, camarada.

SE ELES VIEREM DIZENDO QUE "ESTÁ NA BÍBLIA"!

Vamos falar de tradução. A Bíblia foi traduzida e interpretada muitíssimas vezes. Não podemos ter 100% de certeza nem do que o original dizia, portanto é loucura tomar tudo literalmente. Isso vale para qualquer texto traduzido ou interpretado. Mesmo as diversas versões modernas da Bíblia são diferentes, então como alguém pode levar tudo ao pé da letra?

Observe que o texto foi escrito milhares de anos atrás. Os tempos mudaram. As mensagens ainda são parcialmente aplicáveis, mas temos de adaptá-las à vida moderna. Também aponte que TODOS os trechos acima estão fora de contexto, e no fim das contas são histórias, não são leis (até o apóstolo Paulo decretou isso).

Os contextos mudam. A Bíblia refere-se diversas vezes a perseguir os cobradores de impostos – que na época eram corruptos. Você não ouve falar de cristãos correndo atrás dos caras da Receita Federal com tochas em chamas, ouve?

Além disso, amigas que amam mulheres, já que o problema todo surge da palavra "sodomia", as lésbicas, estão automaticamente liberadas de qualquer modo! Oba!

Por fim, no Novo Testamento, que é baseado nos ensinamentos de Jesus, Jesus não disse absolutamente NADA sobre esse assunto. Como sabemos, Jesus ensinou apenas amor e tolerância. Pessoalmente, eu acho que se vivesse hoje Jesus estaria em todas as paradas do Orgulho Gay. A travesti Viviany Beleboni concorda comigo e até apareceu crucificada representando o martírio LGBTQIA+ na Parada de São Paulo de 2015.

COMO DISCUTIR COM SODOMA E GOMORRA

Primeiro, o termo "conhecer" (em hebraico) muito raramente significa "transar". Neste caso, muito provavelmente significa "interrogar". Segundo, acredita-se que "carne estranha" refere-se à carne dos anjos, ou possivelmente bestialidade (sexo com animais). Seja como for, a maioria dos estudiosos acadêmicos da Bíblia concorda que as cidades foram destruídas por sua ganância e natureza pouco caridosa. Não há nenhuma referência EVIDENTE à homossexualidade.

COMO DISCUTIR COM O LEVÍTICO

Ok, admito que esta menção é um pouco mais clara, PORÉM – tem um grande PORÉM. Basicamente, o Levítico pretende ser uma lista de instruções de Moisés para os levitas e, sim, esta que eu citei era uma das regras. Mas, para nossa sorte, o resto da lista era uma DOIDEIRA. Então qualquer pessoa que venha jogar o Levítico na sua cara também deve estar preparada para

Vender a própria filha como escrava.

Nunca ter nenhum contato físico com uma mulher menstruada.

Queimar touros.

Nunca comer mariscos (também são abominação, então CUIDADO COM O CAMARÃO).

Nunca aparar o cabelo em volta da cabeça. Isso é proibido.

Então, como você está vendo, alguém teria de ser um enorme hipócrita para usar esse trecho como argumento contra a homossexualidade.

Olhe aqui uma coisa curiosa que talvez você não tenha previsto:

Há uma evidência bastante convincente de amor gay NA BÍBLIA, quase 3 mil anos antes do *Queer as Folk*. Isso mesmo. No livro do Segundo Samuel, os grandes camaradas Davi e Jônatas talvez tenham sido um pouco mais que amigos! Confira aqui:

"ESTOU AFLITO POR TI, MEU IRMÃO JÔNATAS: TU ME FOSTES IMENSAMENTE AGRADÁVEL: TEU AMOR PARA MIM FOI MARAVILHOSO, MAIS QUE O AMOR DAS MULHERES."
2 Samuel 1:26 (Isso aí, amigas!)

E as mocinhas também estavam fazendo suas estripulias bíblicas. A história de Rute e Noemi parece um episódio alucinado de *Desperate Housewives* – tem UM MONTE de trocas de maridos –, mas alguns estudiosos leem a jornada delas como um amor homossexual.

Por fim, vários trechos da Bíblia convenientemente desapareceram – por exemplo, o Evangelho de Maria. Portanto, como sempre, não devemos confiar totalmente em fontes tão antigas de informação.

3. Islamismo

Um pouco como no caso da Bíblia, não há muita coisa no Corão que explicitamente proíba o comportamento homossexual, embora o livro também se refira ao povo de Sodoma e Gomorra, dessa vez com um foco mais evidente no estupro, não na homossexualidade. Bom, já sabemos como responder a essa história, né?

O problema maior vem do Hadith, os ensinamentos de
Maomé. Esses são... hã... menos ambíguos.

> "QUEM QUER QUE ENCONTRARES COMETENDO O PECADO
> DO POVO DE LUT (LÓ), MATA-OS, TANTO AQUELE QUE
> COMETE QUANTO AQUELE EM QUEM É COMETIDO."
> Sunan al-Tirmidhi.

Bom, pelo menos não há discriminação entre o ativo
e o passivo.

COMO DISCUTIR COM PESSOAS MUÇULMANAS

A boa notícia é que o Corão está do seu lado. EM LUGAR
NENHUM Alá decreta uma punição para o comportamento
homossexual. Além do mais, o Corão ativamente incentiva a
diversidade, pois Alá criou isso também:

> "Ó HUMANIDADE! CRIAMO-VOS A PARTIR DE UM ÚNICO
> (PAR) DE MACHO E FÊMEA E FIZEMOS DE VÓS NAÇÕES E
> TRIBOS PARA QUE VOS CONHECÊSSEIS (NÃO PARA QUE
> VOS DESPREZÁSSEIS). DECERTO O MAIS HONRADO DE VÓS
> AOS OLHOS DE ALÁ É (AQUELE QUE É) O MAIS CORRETO
> DE VÓS. E ALÁ TEM PLENO CONHECIMENTO E ESTÁ BEM
> CIENTE (DE TODAS AS COISAS)." Corão de Yusuf Ali 49:13

Quanto ao Hadith, assim como o Levítico, há diversas regras
que muito poucas pessoas seguiriam hoje – ser seduzido por
mulheres está no mesmo patamar que os atos homossexuais, ao
que parece, assim como beber vinho. Tenho certeza de que não
mataríamos pessoas por essas coisas. Além do mais, a charia
(lei islâmica) não determina nenhuma punição específica para
o comportamento homossexual – recomendando que a pena

de morte seja usada apenas para adultério, renúncia de fé e assassinato. A maioria dos países muçulmanos não aplica essas punições (mando um olhar torto para aqueles que aplicam).

4. Judaísmo

Não quero zoar, mas esses caras meio que começaram. Os trechos da Bíblia que lidam com homossexualidade vieram de partes baseadas na Torá (o Pentateuco), por isso é mais ou menos a mesma história – o sentimento negativo geral em relação à homossexualidade vem de Sodoma e Gomorra e o Levítico, neste caso chamado Vayiqra.

Assim como no cristianismo, existem muitos ramos da fé judaica e, o que não é surpresa, o ramo ortodoxo tende a ser... bom... o mais ortodoxo. Uma das formas mais populares de judaísmo, o **Judaísmo Reformista**, é muito mais tranquila e não proíbe que casais de gays, lésbicas e bissexuais entrem para a fé. Portanto, vamos mandar um beijo para eles.

* * *

A HISTÓRIA DE LUKE

Aparentemente, quando eu tinha uns quatro ou cinco anos, teve uma ocasião em que voltei da escola chorando – alguém tinha me dito que Deus não existia. Quando criança eu também era conhecido por imitar cenas de filmes da Disney e por cantar a "Shoop Shoop Song" da Cher para qualquer pessoa que tivesse paciência para aguentar. Isso levou meus pais a acreditar que eu seria um pastor ou um ator (por que ator e não *drag queen* eu não sei direito, me dizem que eu era uma maravilha no papel da Cinderela). No fim das contas, hoje não sou nem pastor nem ator (nem *drag queen*, embora realmente tenha pernas para isso), mas ainda mantenho a mesma fé de vinte e poucos anos atrás.

Não cresci numa família tradicionalmente cristã, mas começamos a frequentar a igreja quando nos mudamos para Sussex, antes de eu completar nove anos, e logo isso se tornou uma parte muito importante da minha vida e do meu desenvolvimento. Boa parte do meu tempo livre quando adolescente eu passava fazendo trabalho voluntário no centro para crianças e jovens da nossa igreja batista local, e eu tinha um grupo próximo de amigos que faziam o mesmo. A dolorosa ironia era que eles só conheciam um aspecto meu, por mais tempo que passássemos juntos.

Crescer e saber desde pequeno que você é gay (chamei meu primeiro "namorado" para sair com dez anos de idade), porém ser lembrado regularmente que "a melhor obra de Deus é um homem e uma mulher", é uma posição nociva. Faz muitas pessoas perderem a fé, muitas machucarem a si mesmas, e muitas tirarem a própria vida. É uma posição de sofrimento em que inúmeros jovens e adultos ainda se encontram, e a Igreja tem muito a fazer para corrigir as coisas nesse ponto.

No entanto, dito isso, me considero numa posição incrivelmente privilegiada agora que atravessei esses lugares sombrios que me foram impostos. Cheguei à minha própria fé, ela não me foi prescrita por ensinamentos dogmáticos; meus estudos teológicos me ajudaram nesta jornada e me permitiram perceber que pertenço a duas comunidades belas, carismáticas, alegres e vivas, que apesar de suas diferenças muitas vezes veem a vida exatamente do mesmo jeito.

Ser um cristão que por acaso também é gay, ou ser um homem gay que por acaso também tem uma fé, é muitas vezes um caminho problemático de seguir, pois nenhuma das duas comunidades de fato entende direito como você pode pertencer plenamente a ambas, mas acho esta uma aventura incrivelmente energizante de participar.

Como cristão, acredito que Deus é amor, e onde há amor lá está Deus; uma das comunidades mais amorosas que conheço pertence "aos gays", e é lá que eu sei que Deus mora.

– Luke

RELIGIÃO E PESSOAS TRANSGÊNERO

Esta questão gera mais problemas. Antes de começarmos, vale notar que a redesignação de gênero, como a conhecemos hoje, não era possível quando os principais textos sagrados estavam sendo escritos. Portanto, não há de fato um precedente para isso. Existem, no entanto, uns poucos trechos sobre *cross-dressing* que foram distorcidos para incluir toda e qualquer disforia de gênero.

Paradoxalmente, o Islã tem uma visão bastante tranquila a esse respeito. Não há nada específico no Corão, e o Hadith cria problemas apenas onde o *cross-dressing* é usado para trabalho sexual. No entanto, em alguns países, a cirurgia de redesignação de gênero (frequentemente *male-to-female*) é vista como uma "cura" para a homossexualidade, considerada crime. É claro que isso não é ideal.

O cristianismo e o judaísmo têm visões mais definidas e, de fato, negativas sobre a redesignação de gênero. No Deuteronômio, livro do Antigo Testamento (e de modo semelhante na Torá), aparece a seguinte passagem:

"UMA MULHER NÃO DEVE VESTIR TRAJES DE HOMEM NEM UM HOMEM TRAJES DE MULHER, POIS O SENHOR DETESTA QUALQUER UM QUE FAÇA ISSO." Deuteronômio, 22:5

Também há referências a eunucos (homens cujos órgãos sexuais foram removidos) não poderem entrar no templo.

Assim como nos trechos referentes à homossexualidade, as pessoas trans são mais do que capazes de se defender caso a Bíblia ou a escritura judaica sejam usadas para atacá-las. No caso do Deuteronômio, o texto parece referir-se a *cross-dressing*, não a dismorfia de gênero, e, levando em conta a era em que foi escrito, poderia na verdade ser sobre práticas de cultos pagãos de fertilidade daquela época. Além do mais, os eunucos daquele tempo não eram castrados para mudar de gênero; muitos eram escravos cujas partes pudendas eram cortadas contra sua vontade. Outra vez, vemos que muitas das regras aplicáveis a pessoas dos tempos bíblicos deixaram de ser relevantes.

Por fim, no Evangelho de João, o autor fala sobre a visão inclusiva de Jesus sobre aqueles que nasceram com defeitos, e acho que podemos argumentar que ter nascido no gênero errado é de fato um desses defeitos. Adoro quando você na verdade pode usar a Bíblia para argumentar a seu favor.

Além do mais, o conceito de terceiro gênero vem dos ensinamentos e da filosofia hindu. Essa categoria inclui todos os gêneros que existem fora do que é apenas masculino e feminino, e muitas vezes é reconhecida legalmente. Em algumas culturas e rituais, membros do terceiro gênero são reverenciados como pessoas que têm quase poderes mágicos e são considerados sortudos. Portanto, veja que nem tudo é ruim, né?

Uma consideração final:

Uma amiga querida me disse uma vez: "NÃO DÁ PRA DISCUTIR COM GENTE LOUCA." Outra pessoa uma vez disse: "AS INIMIGAS VÃO ODIAR." Junte essas duas sabedorias e você meio que tem a situação em que estamos. Pessoas que usam religião para odiar pessoas LGBTQIA+ vão sempre fazer isso, por melhor que argumentemos em nossa defesa. Você pode cuspir lógica até perder o fôlego, e alguns homofóbicos continuarão odiando.

Acredito que, se você quisesse montar um argumento convincente sobre por que comer bife com torta de frango é um pecado, você conseguiria usar textos religiosos para ajudar na sua campanha – eles são velhos e vagos o bastante para condenar quase qualquer coisa.

Só o que podemos fazer é ter toda a certeza de que estamos longe de ser uma abominação. Acreditando ou não em Deus como criador, todos nascemos de algo muito natural. Somos 100% orgânicos. Como suco de laranja com polpa.

CAPÍTULO 7
SAINDO DO ARMÁRIO

Resistir a reprises de *Bob Esponja* enquanto revê a matéria; evitar o olhar cruel do seu professor de matemática, traiçoeiro feito um tubarão; tentar pensar em alguma coisa hilária porém sedutora para dizer àquela pessoa em quem você morre de vontade de dar uns amassos – seus anos de escola são dureza. E, como se não fosse difícil o bastante, a idade em que as pessoas "saem do armário" como gays, lésbicas ou bi é agora em média dezessete anos – enquanto ainda estão na escola ou na faculdade. Só mais uma coisa para você se preocupar, e isso nem faz parte do currículo.

Como fazer isso? Quando fazer isso? Para quem contar? Precisa mesmo contar para alguém? Sair do armário pode ser um campo minado. Basta um passo em falso e uma explosão arranca sua perna gay (metaforicamente falando, é claro).

Agora falando sério. Para uma pessoa LGBTQIA+, não há NADA mais apavorante que a ideia de contar às pessoas mais próximas e queridas que você curte pessoas com os mesmos órgãos genitais que os seus, ou que você já está meio de saco cheio do seu gênero original. Esse medo é perfeitamente razoável, mas há jeitos possíveis de fazermos com que a transição de "enrustido" para "revelado e orgulhoso" seja tão suave quanto chá de camomila.

O que é "sair do armário"?

Antigamente (e até hoje, em ambientes um tanto tradicionais), no Reino Unido, moças chiques da sociedade, conhecidas como debutantes, eram embonecadas e exibidas como num desfile, para possíveis pretendentes e interessados. Esses eventos eram conhecidos como *"coming out parties"*, e é daí que tiramos o termo *"coming out"*. Antes da Primeira Guerra Mundial, a expressão *"come out"* era mais empregada na sociedade em geral.

Hoje em dia, "sair do armário" é uma gíria muito comum para o ato de parar de esconder sua própria identidade. Assim que você estiver pronto para deixar o mundo saber sobre a sua identidade, você não estará mais "dentro do armário", não estará mais "enrustido".

A palavra "identidade" é crucial. O momento em que você "sai do armário" não é a primeira vez em que você troca fluidos amorosos com alguém do seu próprio gênero, mas sim quando adota publicamente um rótulo. É contar às pessoas.

Como eu já disse várias vezes, os rótulos não são para todo mundo. Muitas pessoas podem escolher fazer estripulias sexuais com pessoas do mesmo gênero sem se identificar como gay ou lésbica, assim como um homem gay que faz sexo com uma mulher não é automaticamente hétero. ("Aleluia! Ele viu a luz!" Ahã, isso não vai acontecer.) O processo de estabelecer uma identidade pode levar anos. A boa notícia é que ninguém fica preso num rótulo a vida inteira. Muitas pessoas mudam de identidade sexual conforme ficam mais à vontade consigo mesmas e com suas vidas sexuais.

O mesmo vale para rótulos de gênero. O gênero não tem de ser concreto.

Basta observar as baladas *queer*, cena que está bombando, para ver pessoas jovens e bonitas experimentando com papéis tradicionais de gênero. Isso não tem nada a ver com a sexualidade, como discutimos.

Essencialmente, "sair do armário" é a parte em que você conta para alguém qual é sua orientação sexual ou de gênero – e isso pode ser qualquer coisa.

Por que "sair do armário" afinal?

Talvez a verdadeira pergunta seja: existe algum benefício em sair do armário? A resposta é quase com certeza...

SIM!

As pessoas professam alegremente sua religião, seu estado civil, sua origem étnica e sua comida favorita, apenas a discussão sobre orientação sexual ou de gênero continua sendo um tabu. Talvez por bons motivos.

Como aprendemos, há oitenta países onde homens e mulheres podem ser punidos judicialmente por fazer sexo com alguém do mesmo gênero. MEGACARINHA DE TRISTEZA POLÍTICA.

Mas, no caso de ser seguro "sair do armário", há muitos benefícios em fazer isso. No fim das contas, os desejos, paixões, namoros e relacionamentos são uma parte enorme da vida de qualquer pessoa, e esconder uma coisa tão vital de amigos e parentes não só é uma tarefa difícil como acaba isolando a pessoa. Talvez isso soe óbvio, mas "ser você mesmo" é bom para você. Quem ama compartilha, pois é!

"Para mim, o principal benefício foi um senso geral de alívio - eu não precisava mais esconder aonde estava indo, por que tinha as letras 'G-A-Y' estampadas no pulso, ou os sentimentos desconfortáveis quando me perguntavam por que eu não tinha namorado ou de que tipo de meninos eu gostava."

Mica, 23, Londres.

A única expressão que foi mencionada diversas vezes na pesquisa foi "**tirar um peso dos ombros**". Tão clichê, mas tão verdade.

Num nível mais prático, uma vez que uma pessoa jovem "saiu do armário" como gay, lésbica, bissexual ou trans, é muito mais fácil encontrar pessoas de mentalidade parecida. O Allsorts Youth Project, apenas um exemplo de um grupo LGBTQIA+ em Brighton, na Inglaterra, tem uma noite semanal num clube onde jovens podem socializar num espaço seguro – sem a necessidade de bares ou baladas gay. (Mais sobre isso no capítulo 8.)

Além disso, você se surpreenderia em saber como a família e os amigos podem dar apoio depois que uma pessoa escolhe se identificar como gay, lésbica, bissexual ou trans. É comum acontecer de os pais e amigos já terem percebido sozinhos, e "sair do armário" leva a um relacionamento mais íntimo e honesto com as pessoas que você mais ama. Talvez o melhor de tudo seja que elas vão parar de tentar empurrar você para pessoas do sexo errado!

Por fim, não subestime a satisfação pessoal e o orgulho que você vai sentir simplesmente por ser quem você é. É libertador.

"Há tantas [vantagens em sair do armário] que é difícil saber por onde começar. O principal é saber que você ainda será amado, que você está feliz e contente com quem você realmente é. Eu ficava tão preocupado com o jeito como a minha família ia reagir à minha sexualidade que não conseguia dormir à noite... agora sei como foi tranquilo [contar para eles], me arrependo de não ter falado com eles antes. Levou alguns meses para eu me ajustar a ser aberto sobre minha sexualidade, mas isso com certeza me deixou mais próximo da minha família. De fato tive uns problemas de *bullying* na escola, sendo o primeiro menino a 'sair do armário'. Depois que eu fui aceito (com relutância) como parte da escola, acho que ficou mais fácil para os outros serem honestos. Tive muita sorte de ter tido bons professores, vários amigos e minha família me dando apoio."

Mike, Reino Unido.

Por que "ficar no armário"?

É claro, pode haver bons motivos para as pessoas escolherem não discutir sua identidade sexual ou de gênero. Um motivo é que de fato às vezes parece que só existem três escolhas – hétero, gay ou bi. Às vezes não é tão simples, por isso você talvez leve mais tempo para se definir.

Além disso, algumas comunidades e religiões acreditam que a homossexualidade é errada. Isso não impede ninguém de ser lésbica, gay ou bissexual, mas restringe bastante sua capacidade de "se revelar", pois isso pode significar que eles sentem que seus pais e amigos podem não lhes dar apoio.

A preocupação com o que parentes e amigos talvez pensem ou façam é o que mantém as pessoas "dentro do armário" mais do que qualquer outro fator, independentemente do contexto social. Lembre, todo homem ou mulher gay ou bissexual "assumido" e toda pessoa trans "assumida" passaram por esse processo e sobreviveram à provação. A maioria continua com a família e os amigos que tinha antes de "sair do armário".

Quando a coisa dá errado

O medo de que seus pais vão deserdar, humilhar e jogar você na rua é absolutamente a pior das hipóteses, algo que muito raramente acontece. Talvez haja amigos que não consigam aceitar sua nova identidade, e isso é triste, mas sempre é possível fazer novos amigos. O pior medo é que sua família, principalmente os seus pais, reaja mal. No começo, isso de fato acontece em muitas famílias – não vou mentir –, mas com o tempo quase todas constroem uma ponte e superam o conflito.

Se (e não custa enfatizar como isso é raro) a situação ficar tão ruim que você tenha de ir embora de casa, existe apoio no mundo. Algumas pessoas moram com outros parentes ou com amigos da família. Como alternativa, há serviços de assistência social para jovens que vão poder encaminhar você às pessoas certas para ajudá-lo. Há uma lista de grupos no fim do livro.

"Começou quando minha mãe me viu abraçando um amigo no Facebook. Ela é católica – muito católica – e por meses fiquei ouvindo 'Você é gay – eu vou te expulsar de casa'. Depois de uns dois meses disso, alguma coisa na minha cabeça estourou e eu disse: 'Eu não sou gay, não sei o que eu sou!' Eu tinha catorze anos. Dois dias depois fui expulso de casa. Tive que trabalhar... Trabalhei num restaurante chinês. No fim acabei virando chef, e agora tenho uma casa própria."

Shane, 23, Shoreham-By-Sea, Reino Unido.

"Estou saindo do armário. Quero que o mundo saiba."

Então você decidiu que talvez se identifique como LGBTQIA+? A parte mais difícil – admitir para você mesmo – está feita. Mas como contar para as outras pessoas?

Eu decidi que era hora de sair do armário cerca de seis meses depois da minha revelação inspirada pelo Dean Cain. Contei a uma amiga muito próxima que eu sabia que não ia escrever isso no mural de recados ao lado da cantina. Ela também tinha sinalizado muito bem para mim que estava SUPER DE BOA com a coisa DOS GAYS. Como uma pessoa questionadora, seria bom você se cercar de pessoas tranquilas, de mente aberta – isso lubrifica a passagem para fora do armário, digamos.

Escolhi contar para ela – bom, "escolhi" não é a palavra certa; isso simplesmente saiu da minha boca enquanto eu carregava uma torta de caramelo da escola para casa um dia. (Deixo claro que eu tinha feito a torta mais cedo, numa aula de economia doméstica. Não saio carregando doces por aí só para fazer as pessoas gostarem de mim.)

Como previsto, minha amiga foi tranquila e me reconfortou, e, nessa mesma conversa, ela própria se revelou como *queer*, por isso me senti um milhão de vezes melhor. Até hoje, no entanto, não consigo comer torta de caramelo sem sentir que meu mundo talvez desmorone à minha volta, como desmoronou naquela noite depois que me revelei – porque, embora minha tarde tivesse sido perfeitamente agradável, agora eu tinha falado aquilo de verdade, e não tinha mais como "desfalar". Isso sempre vai ser assustador.

Eu me ajustei rapidamente. Ao longo das semanas seguintes, falei O TEMPO TODO sobre meninos, recuperando o tempo perdido, e dentro de umas poucas semanas eu estava alegremente dizendo para ela e mais outras amigas qual dos meninos do time de rúgbi eu achava mais "pegável". Correu tudo bem e nunca me arrependi.

Eu me revelei aos meus pais muito tempo depois – esperei até estar morando fora de casa e conseguir me sustentar financeiramente. Você é que decide se isso foi covarde ou sensato. No fim, minha mãe me perguntou sem rodeios, e eu dei uma resposta sincera. Pedi para minha madrasta contar para o meu pai!

As experiências de cada pessoa LGBTQIA+ são diferentes, mas na hora de sair do armário há coisas que é bom fazer e outras que é melhor evitar.

SIM

Conte para alguém em quem você confia, alguém com quem você se sente à vontade para falar, e que você acha que não vai contar para todo mundo enquanto você não estiver pronto.

Sinta o clima, na sua família ou grupo de amigos, para ver quais são as atitudes em relação a pessoas LGBTQ antes de discutir isso com eles. Ouça o que eles estão dizendo sobre outras pessoas gay para ter uma ideia de se é "seguro" contar para eles.

Fale com pessoas que já passaram por isso antes – outras pessoas LGBTQ. Veja como elas sobreviveram!

Escolha o seu momento – ache um lugar quieto e seguro.

Comemore. Depois que você fez isso, pode parecer que você abriu a caixa de Pandora, mas a parte mais difícil está feita.

Leia este livro ;-)

NÃO

Não deixe seu *browser* cheio de... hã... filmes "especializados". Você não faz ideia de quantas pessoas acabam sendo reveladas assim.

Não se esqueça dos profissionais – muitos professores e clínicos gerais são treinados para ouvir exatamente questões como essa e podem oferecer conselhos valiosos. Você talvez até queira pegar um desses folhetos meio cafonas.

Nunca seja dramático. O casamento da sua irmã NÃO é a melhor hora para pular entre os convidados, bloquear o caminho da noiva e gritar: "EU ADORO PINTO."

Não queira fazer isso por e-mail ou SMS – palavras escritas podem ser mal interpretadas. ("Como assim você quer sair do armário, filho? Você se trancou aí dentro brincando de esconde-esconde?" etc.)

Nunca saia do armário porque outra pessoa, mesmo parceiro, diz que você deveria fazer isso. Você tem de fazer isso quando VOCÊ estiver pronto.

Não saia do armário só porque você tem namorado – as pessoas para quem você contar têm muito mais chances de achar que é uma "fase" que só vai durar esse relacionamento.

Não sou só eu que estou falando

Toda pessoa gay, bissexual ou trans "assumida" já passou por tudo isso antes!

"Primeiro contei para o meu namorado da época. Só fazia umas duas semanas que a gente estava saindo, e ele se revelou como travesti para mim enquanto estávamos abraçados na cama, por isso me pareceu certo contar para ele que eu era bi."

Sarah, 35, Irlanda.

"Contei para minha amiga numa salinha minúscula de prática de música da escola. Hoje acho engraçado pensar que a maioria das pessoas SAI do armário. Eu me revelei DENTRO de um armário. No começo achava que era bissexual, se bem que, pensando naquela época, acho que eu estava tendo dificuldade de entender a diferença entre a forte simpatia que eu sentia pelas minhas amigas meninas e a atração sexual que tinha por outros meninos. Parecia que grande parte da puberdade era descobrir a resposta desse enigma."

Rick, 29, Reino Unido.

"[Me revelei numa] viagem da escola para a França. Minha amiga gay me perguntou o que eu achava de ela ser gay, e eu disse que achava ok. Ela me perguntou se eu era hétero. Eu disse que não. A gente continuou falando de como o tempo na França é uma m*rda quando você tem que vencer uma prova de obstáculos na lama."

Nina, 16, Reino Unido.

"[Contei primeiro para] pessoas da minha moradia na universidade. A gente saiu uma noite pouco antes do Natal, e eu conferi se estavam todos lá e contei para eles um por um. A primeira foi uma pessoa de quem eu tinha me aproximado muito, e depois disso, confesso que já com algum álcool no sangue, ficou mais fácil."

Chris, Manchester, Reino Unido.

"Primeiro contei para uma menina de quem eu era amiga na escola. Eu tinha dezesseis anos e a gente estava numa festa; saímos para uma longa caminhada e tivemos uma conversa profunda e significativa. Ela me contou que estava apaixonada por um dos nossos amigos, e eu disse que na verdade era a fim da professora de artes."

L, 28, Brighton, Reino Unido.

É claro... nem sempre é tão tranquilo. Sair do armário pode ser dureza.

"Contei para a minha namorada da época, com quem eu estava junto fazia três anos, sobre meus pensamentos e sentimentos a respeito do meu desejo de transição para o feminino, minha visão de mim mesma como mulher e minha experimentação ao longo dos últimos anos. Ela terminou o namoro comigo ali na mesma hora, recusando-se a discutir o assunto."

Laura, 21, Reino Unido.

"A primeira pessoa para quem eu contei foi uma amiga que achava que estava apaixonada por mim. Ela era casada e tinha deixado claro que estava disposta a abandonar o marido para ficar comigo. Senti que devia a ela a explicação de por que isso nunca poderia acontecer."

BFL, 43, Minnesota, EUA.

"Minha madrasta descobriu fotos da internet que eu tinha imprimido na faculdade... A conversa começou a partir daí!"

Dani, Newcastle upon Tyne, Reino Unido.

Um roteiro útil

É relativamente fácil se revelar para amigos, pois você (imagino) escolheu se relacionar com pessoas que não são completas imbecis. Algumas pessoas LGBTQIA+ estão em relacionamentos heterossexuais ou cisgênero quando descobrem sobre si mesmas, e pode ser muito difícil contar a um parceiro que você não tem (exclusivamente) interesse sexual por ele.

Mas a maioria das pessoas LGBTQIA+ receia acima de tudo contar para os pais. Isso é de arrepiar os pelos da nuca. Por quê? Bom, eles nos conhecem desde quando a gente era bebê, e se revelar (como gay, bi ou lésbica) é basicamente fornecer uma deliciosa visão dos seus desejos sexuais.

Uma coisa que NINGUÉM gosta de falar: "Ei, mãe, você não acredita o tipo de coisa que eu gosto que enfiem na minha bunda!" Entendeu o que eu quero dizer?

Para pessoas trans, alguns pais veem isso meio como um tapa na cara. Tipo eles te DERAM o seu gênero de nascença e CRIARAM você de acordo com isso. Como nas questões de sexualidade, no entanto, isso muitas vezes não é uma grande surpresa para os pais, e muitos deles podem dar um enorme apoio a filhos transgênero – mesmo crianças muito jovens.

Sair do armário é uma coisa tão pessoal quanto sua identidade. O que vem a seguir é só um guia – uma abordagem "tamanho único" para você adaptar ao seu caso.

1. Escolha o momento

Pode ser espontâneo, ou você pode planejar uma ocasião específica (se bem que a espera até esse momento seria uma TORTURA). Muitas pessoas LGBTQIA+ parecem usar a TV como deixa; quer dizer, puxar o assunto quando alguém menciona direitos dos gays no noticiário ou quando casais gay aparecem em novelas (o que hoje em dia acontece muito). Qualquer que seja o momento que você escolher, acho que uma conversa com uma pessoa por vez sempre é melhor.

2. Escolha o lugar

Lembre, seus entes queridos talvez precisem de um tempinho para processar a informação. Portanto, eu não recomendaria fazer isso no provador de roupa da C&A. 90% das vezes, é melhor em casa, ou pelo menos num estabelecimento que sirva chá. Com um chazinho tudo se resolve – lembre-se disso. (Você tem algum lugar para ir caso a outra pessoa precise de um pouco de espaço – tem como você ir dormir na casa de algum amigo?)

3. É seguro?

Sua segurança é mais importante que qualquer outra coisa no mundo. Você mora na Arábia Saudita ou em algum dos oitenta e poucos países (ver capítulo 6) onde podem te prender ou te apedrejar até a morte? Pense em tirar um passaporte.

Brincadeiras à parte, se seus pais expressaram sentimentos homofóbicos no passado, talvez seja sábio traçar um plano B para o caso de eles reagirem mal. Muitas pessoas escolhem esperar até ter certo grau de independência antes de dar esse passo. Faça contato com grupos de jovens gay e certifique-se de que vai ter apoio caso as coisas deem errado.

Ok, agora que preparamos tudo, eis aqui alguns jeitos de introduzir o assunto:

"Eu queria muito falar com vocês sobre uma coisa..."

Agora, neste estágio, é possível que sua mãe e/ou pai diga(m): "Tem a ver com você ser gay?" É MUITO COMUM os pais já terem um pressentimento. Foi exatamente assim que minha mãe me arrastou para fora do armário.

Se eles não falarem isso, no entanto...

"Já faz um tempo que sinto atração por homens/mulheres/ homens E mulheres" ou "Eu me identifico muito mais como menino do que como menina" (ou vice-versa).

Então...

"Nada mudou. Ainda sou exatamente a mesma pessoa que você(s) conhece(m), e odiei ter de guardar esse segredo de vocês."

E então você dá a eles uma chance de responder. Talvez seja uma surpresa e uma delícia.

"Falei para os meus pais que era bissexual aos vinte anos. Eles eram conservadores em questões religiosas, mas me disseram que me amavam do mesmo jeito. Contei para eles que na verdade era gay logo depois de fazer vinte e dois, e desta vez eles não se incomodaram nem um pouco."

Stephen, 22, Joanesburgo, África do Sul.

"Contei para ambos, embora separadamente, pois eles são divorciados, e nos dois casos foi num bar enquanto a gente estava jantando. Eles ficaram um pouco abalados, mas depois de um tempo, acho que depois que eles tinham pensado nisso por um instante, perceberam que isso explicava muito do meu comportamento e da minha aparência anterior. Eles agora não estão nem aí, e estão felizes por eu estar feliz."

Jools, 38, Madri, Espanha.

Mas e se eles não ficarem felizes? Algumas objeções prováveis:

OBJEÇÃO PROVÁVEL	RESPOSTA
Você tem certeza?	Realmente tenho. Faz muito tempo que eu sinto isso. E só agora estou à vontade para falar disso com vocês.
É só uma fase?	Não. (Ver acima.)
Você não é gay*! (*ou lésbica, bi, trans etc.)	Sou, sim. Sei que isso deve ser meio chocante, mas sempre fui desse jeito. Só que eu demorei esse tempo para entender.
Você pode tentar não ser...?	Não. Já pensei muito sobre isso. Estou contando para vocês porque preciso ser honesto sobre quem eu sou.
Não acredito!	Tive um montão de tempo para pensar sobre isso. Entendo que vocês vão precisar de um tempo para processar o que eu estou dizendo.
Não conte para mais ninguém!	Não posso prometer isso. Posso dar mais um tempo para vocês pensarem sobre o que eu disse, mas preciso ser honesto sobre quem eu sou.

Continue firme e ouça *"Born This Way"* da Lady Gaga. Ou simplesmente dê este livro de presente para eles e peça para abrirem neste capítulo!

Depois de se revelar, recue um pouco. Você não vai ficar atormentando a pessoa até que esteja tudo bem. Provavelmente você sabe há muito mais tempo do que ela. Também tente lembrar que o motivo por que muitos pais piram com essa ideia, quando descobrem, é que eles estão PREOCUPADOS, por AMOR. Lembre-se do que eu disse, que sair do armário é aceitar um lugar numa minoria perseguida. A questão real é que identificar-se como LGBTQIA+ vai tornar sua vida um pouquinho mais difícil... e nenhum pai ou mãe de fato quer isso para os filhos.

Aceite que eles precisam de um tempo próprio para aceitar sua nova identidade. Isso talvez leve minutos, dias, meses ou mesmo anos. Eles vão ceder com o tempo. Eles têm algo imensamente valioso a perder caso não cedam: VOCÊ. Lembre, existem grupos especiais para jovens LGBTQIA+. Se as coisas derem errado, há como procurar ajuda (ver a seção "Construindo uma ponte" no fim do livro).

"Prometi a mim mesmo que ia contar para os meus pais se algum dia tivesse um namorado (eu sentia que estar num relacionamento e ter de esconder isso era talvez a coisa mais podre do mundo) – e então contei. Saí do armário durante o feriado de Páscoa, logo depois que esse menino me convidou para sair. Meus pais ficaram surpresos e chocados – não tinham suspeitado de nada –, e no começo foi estranho falar com eles sobre meus sentimentos a respeito de ser gay, mas ao longo dos últimos anos, todos ficamos mais à vontade com o assunto."

R, 17, Londres.

Se você está pronto para sair do armário, parabéns! Agora você tem seu cartãozinho do clube e está se juntando a um legado de pessoas que seguiram esse caminho antes, um senso de pertencimento e de cultura *queer* – caso você queira. A coisa mais importante é que agora você está livre para ser você E gritar isso de cima dos telhados. Ou não... a escolha é sua.

Revelar-se como trans

Revelar-se como pessoa LGBTQIA+ é relativamente fácil em comparação com revelar-se como trans. Depois que você saiu do armário, a vida meio que continua normalmente. O QUÊ? NÃO ROLA UM GRANDE DESFILE PELA RUA? Não, infelizmente não.

Virar uma pessoa trans dá trabalho. As situações variam imensamente. Algumas jovens pessoas trans já estavam vestindo roupas geralmente associadas ao gênero oposto* desde que eram criancinhas. Algumas pessoas já faziam isso em segredo ou no contexto de performances, como *drag queen* ou *drag king*.

*Note que grande parte dessa porcaria não seria necessária se a sociedade não tivesse ideias tão fechadas sobre como um homem e uma mulher devem se vestir.

Quando uma pessoa se revela como trans, isso talvez signifique admitir que ela às vezes gosta de *cross-dressing*, ou que pretende se identificar em tempo integral com o gênero escolhido. Como nas questões de sexualidade, a parte assustadora é admitir isso em voz alta. Dessa vez, no entanto, as pessoas esperam uma transformação física depois.

O processo é único para cada indivíduo, mas para pessoas que desejam fazer a **transição** para um novo gênero em tempo integral há um plano definido. Para a maior parte das pessoas, o primeiro passo é falar com um clínico geral. No Reino Unido, pessoas menores de dezoito anos serão encaminhadas para um serviço público de saúde, enquanto adultos serão encaminhados para uma clínica especialista em disforia de gênero ou para um psiquiatra. Isso não quer dizer que ser trans seja uma doença mental, porém, ao dar um passo tão grande, é importante determinar se essa é a escolha correta.

O NHS, agência britânica de saúde, agora recomenda um plano rápido de ação para pessoas que desejam fazer a transição. Há diretrizes no site do NHS que você pode levar para o clínico geral, pois é bem provável que ele não seja especialista nesse assunto. Depois do encaminhamento, você já pode começar o tratamento com hormônios – para pacientes MTF, isso envolve tomar estrógeno; para FTM, testosterona. Os efeitos são repentinos e, em alguns casos, irreversíveis.

É importante procurar ajuda médica em vez de tomar os hormônios por conta própria. Os resultados são melhores. E ponto final.

Os hormônios vão mudar sua aparência e sua voz, mas algumas pessoas trans também optam por fazer cirurgias. Certos procedimentos cirúrgicos podem ser cobertos por planos de saúde, mas alguns devem ser pagos do próprio bolso (como procedimentos de feminização facial). Para fazer cirurgia genital (vale lembrar que há muitas pessoas transgênero que não querem fazer nenhuma cirurgia genital), a maioria dos cirurgiões exige que você já esteja vivendo no seu gênero escolhido por pelo menos dois anos.

Obviamente, uma cirurgia genital é algo doloroso e o período de recuperação é longo. Por isso algumas pessoas escolhem não fazê-la. Outras, no entanto, sentem que precisam de toda uma remodelagem física. É muito uma questão de escolha e de entender o que é ideal para você.

Uma coisa é certa: se você ou alguém que você conhece se revela como trans, o elemento mais importante é a nova identidade. Escolher um nome e garantir que todo mundo use os **pronomes corretos** é tão importante quanto suas roupas ou sua aparência física.

A HISTÓRIA DE IRENE

Irene, 33, é uma transexual MTF de Nova Jersey, EUA.

Optei por hormônios, depois de esperar um tempo para ter certeza de que queria isto, pois eu tinha entendido que esse é um passo médico muito importante, que pode gerar mudanças profundas no corpo e na mente. Para algumas pessoas, os hormônios são mais importantes até do que as coisas que temos de fazer através de cirurgias, mas eu não iria tão longe por conta própria.

Minha compreensão é que eu pessoalmente estou na ponta mais lenta da escala de rapidez em que as mudanças tendem a ocorrer. Agora estou fazendo terapia com hormônios há dezoito meses. Foi bastante empolgante nos primeiros meses, e ainda é, toda vez que percebo algum novo avanço. Por um tempo, eu media meu peito com uma fita métrica para garantir que estavam acontecendo coisas ali. Não foi nem um pouco assustador; este sempre foi meu desejo mais forte, e é um processo bastante suave, na verdade; não há nada a temer.

Em relação ao que mudou, a primeira coisa que eu notei foi que meus mamilos se desenvolveram – quer dizer, não eram mais murchos como mamilos masculinos. Então, ao longo de uns três meses, meus quadris se alargaram, de oitenta centímetros para 1 metro! Eu ainda estava me apresentando como homem no trabalho durante esse período, o que foi um pouco difícil para mim. Eu não podia usar minhas roupas de verdade e tive que achar calças masculinas que ficassem bem em mim.

Seria bom dizer algo sobre a remoção de pelos faciais, aliás. Os hormônios não fazem isso (nem mudam a voz, o que tem de ser feito através de prática e muitas vezes um treinamento especial), portanto eu tinha sessões para isso todo fim de semana. Há uma controvérsia sobre se o melhor é tratamento a laser ou eletrólise, o que impede que haja bons conselhos na comunidade a esse respeito. Acontece que o laser cobre muito mais folículos por sessão, enquanto a eletrólise é sempre permanente, mesmo em folículos difíceis. Então o que todo mundo acaba fazendo é laser para ficar com o rosto limpo no começo, e eletrólise depois para terminar o serviço.

Mas ninguém me deu esses conselhos! Por isso simplesmente escolhi a eletrólise, ao mesmo tempo que começava a tomar hormônios, porque não sabia o que era melhor. Era uma dor intensa, mas na verdade eu via isso como uma coisa boa, já que me dava uma sensação mais concreta de progresso que eu não estava tendo com os hormônios naquele momento. Além disso, já que a maioria das mulheres trans (embora na época eu mal conhecesse alguma) já passou por isso em algum momento, havia um senso de pertencimento, que foi legal.

Nos primeiros oito meses mais ou menos, meus seios praticamente não cresceram – só o suficiente para eu perceber que alguma coisa tinha acontecido quando eu tirava a camisa, mas foi bem angustiante. Eles então começaram a crescer – falei com a minha médica e nós aumentamos um pouco com a minha dosagem –, mas eu nunca tive a sensação de "dores de crescimento" que quase todo mundo menciona. Hoje em dia uso sutiã tamanho M, mas não o preencho de verdade.

Não vejo essa terapia de hormônios, nem a cirurgia genital que também pretendo fazer, de modo algum como algo cosmético: é a correção de um desencontro crucial entre corpo e alma. Mas a minha seguradora vê as coisas desse jeito em ambos os casos (o que poderia ser menos cosmético do que uma completa mudança de genitália?), por isso vou pagar do meu próprio bolso.

Falei sobre o assunto com outras mulheres trans, e a maioria concorda que há um aumento na capacidade de sentir emoções. Posso com toda a certeza confirmar isso na minha própria experiência: é uma coisa acentuada demais para ser psicossomática. Francamente, não gosto da pessoa que eu era antes de começar com os hormônios, e nunca mais quero ter esse coração frio de novo. Além disso, hoje em dia consigo chorar quando sinto necessidade, coisa que eu nunca conseguia antes. Lágrimas são uma coisa muito libertadora.

Além do aumento da sensibilidade emocional, tive uma melhora quase imediata de humor. Eu senti depressão a minha vida inteira. Provavelmente durante dez anos antes dos hormônios. Também tinha graves tendências suicidas, fazendo duas tentativas muito sérias – precisando de internação depois. Quando eu tinha estrógeno no meu sistema, não notava mais em mim aqueles padrões de pensamento depressivos "em espiral". Até minha psiquiatra viu uma profunda diferença e acabou cortando a maioria dos medicamentos psiquiátricos que eu tomava, porque, como ambas concordamos, eles não eram mais relevantes para mim. Foi uma reviravolta completa, algo que pacientes que têm apenas depressão nunca vão vivenciar. Sem dúvida alguma, o estrógeno salvou minha vida.

Há outros aspectos da transição sobre os quais você não perguntou nem tangencialmente, por isso não vou abordar todos eles, mas só para mencionar alguns: Tem o lado social – contar para os amigos (e geralmente perder a maioria deles); contar para a família; perder cônjuges e filhos, caso a pessoa tenha. Tem a questão das roupas, apresentar-se como si mesma no que diz respeito ao vestuário, ao cabelo, à maquiagem e assim por diante. Tem o lado jurídico, brigar com cada uma das entidades políticas e corporativas que você nem fazia ideia de que existiam – eu atualmente não consigo abrir uma conta na Verizon, um provedor de internet, no meu apartamento novo porque com meu novo nome legal não tenho histórico de crédito. Além disso há o fato de que, sendo uma mulher que joga videogames, enfrento um monte de xingamentos e discursos de ódio dos vinte e poucos machos que habitam os mesmos espaços virtuais que eu. Acontece também de o desenvolvimento de software, minha profissão, ser pelo menos 95% masculino.

Eu não trocaria nenhum desses problemas por nada no mundo. Estou muito, muito contente por tê-los.

CAPÍTULO 8
ONDE ENCONTRAR PESSOAS COMO VOCÊ

Você gosta das seguintes coisas:

- Ficar de mãos dadas?
- Beijar?
- Tirar os malditos cogumelos da sua pizza e dar a outra pessoa?
- Sexo?
- Abraços?
- Assistir à TV abraçadinho?
- Qualquer uma dessas coisas?

Se você respondeu "sim" para qualquer uma dessas perguntas, receio que, mais cedo ou mais tarde, vai ter de encontrar alguém. Você deve ter notado que nenhuma dessas atividades é um jogo para uma pessoa só.

Como mencionei antes, as pessoas LGBTQIA+ são uma minoria. A MAIORIA se identifica como heterossexual, portanto encontrar alguém do mesmo gênero que você que queira dar abraços e ficar de mãos dadas é um pouquinho mais difícil.

É claro que ser trans não tem nada a ver com a sua sexualidade. Algumas pessoas trans vão ser gay, outras vão ser hétero. Mais adiante neste capítulo, vamos falar sobre os problemas específicos que pessoas trans podem ter para encontrar alguém.

Você provavelmente não vai ACREDITAR nisto, mas houve uma época em que homens gay costumavam deixar bandanas coloridas saindo para fora do bolso de trás para sinalizar que eram gays e que tipo de brincadeira sexual curtiam. Meio complicado, né? Além disso, com lenços nas cores do arco-íris pendurados na bunda, fico imaginando que devia parecer um lance Meu Querido Pônei.

Felizmente, as pessoas LGBTQIA+ saíram das sombras. Os dias em que pessoas gay ou bi se escondiam em bares e clubes subterrâneos secretos acabaram, pelo menos na maioria das cidades grandes (embora esses clubes ainda existam e tenham uma função, como discutiremos depois). Existem bares modernos e baladas *cool* para as pessoas de mais de dezoito anos, além de sites, organizações, clubes, manifestações e outras coisas para todo mundo – tudo feito para nos ajudar a encontrar parceiros ou amigos.

Como identificar

Antigos estudiosos gay (eu e meus amigos) muitas vezes afirmaram que há um SEXTO SENTIDO MÍSTICO que permite que pessoas com inclinações homossexuais percebam quando há outras da mesma orientação por perto. Somos médiuns do sexo, digamos. "Existe um gay nesta casa... sim... sim... a presença é forte agora... ele com certeza é gay."

Esse radar gay ficou conhecido como *GAYDAR*.

É claro que os membros da comunidade LGBTQIA+ não possuem poderes mágicos (ou pelo menos é isso o que queremos que as outras pessoas pensem...). O *gaydar* na verdade é um talento desenvolvido que nos faz conseguir ler muito bem a linguagem corporal.

Como afinar o seu *gaydar*:

- Você vê uma pessoa e vai com a cara dela...

- O primeiro passo é ATENÇÃO AOS ESTEREÓTIPOS. Como já discutimos, estereótipos são estereótipos por um motivo, e alguns homens e mulheres de fato têm uma "aparência gay", provavelmente PORQUE às vezes querem chamar a atenção de possíveis parceiros. Um cara barbudo usando um arreio de tiras de couro pode SER gay (ou um gladiador). Infelizmente, quase todas as pessoas LGBTQIA+ são muito mais ambíguas do que isso. Portanto, precisamos de mais ajuda.

- Procure CONTATO VISUAL PROLONGADO. Esse é de longe o melhor *gaydar* que você tem disponível. Vou ser supersincera. Mulheres (que eu adoro, mas não me dão vontade de fazer sexo) andavam à minha volta o dia inteiro. Quando elas passavam, talvez eu notasse seu cabelo lindo ou alguma coisa assim, porém não tentava ficar olhando nos olhos delas. Pessoas, em geral, fazem contato visual quando querem interagir. Se você vê uma pessoa prolongando o contato visual por mais de um segundo, ou dando uma segunda olhada, pode ser porque ela está tentando chamar sua atenção.

- MAIOR CONTATO FÍSICO, como uma mão no seu braço ou no seu ombro, é outro sinal de linguagem corporal de que alguém está a fim de você.

Muitas vezes, no entanto, por estarmos no século XXI, a maioria das pessoas simplesmente explica que é gay. Você também poderia apenas perguntar. Muito mais fácil, né?

Hoje em dia, em alguns lugares, muitas pessoas LGBTQIA+ mais novas já saem do armário na escola ou na faculdade, por isso a notícia se espalha e você pode até conhecer um monte de outras pessoas LGBTQIA+. Ser LGBTQIA+ não é mais um grande segredo para muitos jovens, portanto não há tanta necessidade de lugares especiais para encontrar alguém.

Para outras pessoas, a adolescência e a juventude costumam ser um período de isolamento, e você talvez tenha de agir com um pouco mais de iniciativa para encontrar pessoas como você.

Lugares seguros

Por muito tempo, a homofobia e o medo de agressão verbal e física eram tão graves que as pessoas LGBTQIA+ de fato precisavam de lugares especiais onde pudessem socializar sem sofrer intimidação. Isso ainda acontece em certo grau hoje. Pessoas LGBTQIA+ não são bichos de zoológico, portanto não gostamos que todo mundo fique nos assistindo. É deprimente, mas verdadeiro, que mesmo algumas pessoas hétero bastante bem-intencionadas ainda veem os gays meio como um *freak show*.

Por causa disso, é legal ir a lugares onde você pode conhecer pessoas novas sem precisar se dar ao trabalho de dizer: "Desculpe perguntar, camarada, mas você é, tipo, hã... gay?" Fica tudo MUITO menos complicado.

Isso nos leva ao conceito da **cena gay**, um termo meio antiquado, que abrange homens e mulheres gay ou bi, e também pessoas trans até certo ponto.

Como já vimos, ser transgênero não tem nada a ver com a sexualidade da pessoa, mas travestis, transexuais e *drag queens* muitas vezes vão a bares ou baladas de gays e lésbicas procurando refúgio dos pescoçudos que ficam olhando – não são lugares ideais, mas são lugares mais receptivos do que, digamos, o bar onde seus colegas da firma vão no *happy hour*.

Um problema cultural complicado da cena gay é que quase todos os bares e casas noturnas são para maiores de dezoito anos – mas vamos falar disso daqui a pouco.

BICHAS DA BALADA

Antes de darmos uma olhada nas várias correntes da cena gay, é importante enfatizar que isso não é para todo mundo. Não estou falando das pessoas hétero, estou falando de gays. Várias pessoas LGBTQIA+ não utilizam nunca os "serviços para gays".

"Nunca tive que me envolver de verdade na cena gay porque basicamente estou no mesmo relacionamento desde o começo da vida adulta. Para mim, acho que a cena gay talvez tenha tido um impacto levemente negativo – eu via todas aquelas pessoas *cross--dressers* em eventos de orgulho gay, ou lésbicas caminhoneiras com policiais franceses e gays muito afetados dançando em volta, e pensava tipo: 'Eu não sou assim. Não quero ter que cortar o cabelo curto e passar o tempo todo falando de *dildos* e contando para todo mundo sobre minha vida sexual.' Isso me fez achar que eu nunca ia me encaixar em lugar algum.

Foi um grande alívio descobrir que você pode sair com alguém do mesmo sexo e então tocar a vida adiante como fazia antes, sem ter de fazer com que isso seja o centro da sua identidade."

J, 28, Brighton, Reino Unido.

Muitas pessoas LGBTQIA+, principalmente as que moram em áreas rurais e cidades menores do interior, não contam com os mesmos serviços que as das cidades grandes. Não existe nenhuma regra que diz que todos os adultos LGBTQIA+ precisam frequentar alguma "balada gay" ou "bar gay".

ESTE É OUTRO ESTEREÓTIPO. Vamos lá, todo mundo jogando pedra nele.

Pessoas gay em North Wales provavelmente curtem caminhadas na montanha, enquanto as de Cornwall, surfe, e as da Escócia, gostam de fazer bonecos de neve. E no Brasil: pessoas gay na Bahia possivelmente gostam de ir à praia. Pessoas gay em São Paulo talvez vão mais ao cinema. Pessoas gay no Rio Grande do Sul muitas vezes curtem um chimarrão.

E tem mais uma coisa – pessoas LGBTQIA+ em grandes cidades nem sempre acessam a cena gay. É muito uma questão de escolha.

Por algum motivo – possivelmente homofobia internalizada – ninguém quer admitir que é uma "bicha da balada", mesmo pessoas que realmente vão a bares e baladas gay com alguma frequência. Isso é uma grande bobagem. **Como quer que queiram viver sua vida, pessoas LGBTQIA+ não têm NADA de que se envergonhar.**

Não vamos esquecer os benefícios de termos esses lugares seguros:

"Parte do motivo de eu – um molequinho de Paisley, na Escócia – ter me mudado para Londres quase vinte anos atrás foi por causa da 'cena gay' que a cidade prometia. Londres foi muito boa para mim, e eu me diverti muito lá quando tinha vinte e poucos ou trinta e poucos anos. Os benefícios eram ter fácil acesso a muitos bares e casas noturnas onde você podia relaxar, ser você mesmo e, é claro, encontrar uns caras lindos! Ficava espantado de poder andar de mãos dadas em público com meu namorado no Soho, sem ninguém ficar dando risada, fazendo comentários ou mesmo me atacando."

Aidy, 46, Margate, Reino Unido.

"Ser parte da cena gay permite que você conheça pessoas e faça amizades com gente que tem muitas das mesmas experiências e interesses que você. Também é um jeito muito bom de encontrar possíveis parceiras românticas. Eu só conheci todas as meninas que namorei porque estou envolvida e ativa na cena gay da minha área. As desvantagens é que andar SÓ com outros gays pode limitar sua visão de mundo, e a cena dos namoros pode ficar meio incestuosa se você e todas as suas amigas estão pescando na mesma lagoa."

Taylor, 23, EUA.

Vale notar ainda que a "cena gay" é sem dúvida muito mais diversa do que as pessoas dão crédito. Há tantos estereótipos sobre a cena gay quanto há sobre pessoas gay.

CLUBES E SOCIEDADES

É óbvio que você tem de ser maior de dezoito anos para beber num bar ou ir a uma casa noturna, e, já que nem todas as pessoas LGBTQIA+ gostam de beber e de baladas em geral, há uma infinita variedade de clubes e sociedades que permitem que as pessoas se encontrem e socializem. Todas as partes da "cena gay" têm tanto a ver com encontrar gente de mentalidade parecida quanto com encontrar um parceiro para a hora do rala e rola. Basta uma breve busca no Google para descobrir clubes de leitura para gays, cursos de culinária para gays, noites para solteiros e quase todo tipo de atividade gay que te der na telha.

Erik, um londrino de 34 anos, é o presidente da London Gay Symphonic Winds – um grupo de instrumentos de sopro para músicos LGBTQIA+ (e também hétero):

Fundada em 2005, a London Gay Symphonic Winds (LGSW), como muitos grupos de gays e lésbicas, foi formada para dar às pessoas a oportunidade de fazer algo de que gostavam num ambiente amigável e acolhedor, sem o medo de se deparar com o preconceito. Sempre fomos tanto um grupo social quanto musical, e tentamos ser o mais inclusivos possível sem prejudicar a qualidade da música. Devido a esse casamento especial entre os objetivos sociais e musicais, temos instrumentistas de todas as idades, orientações sexuais e gêneros. A LGSW é um ótimo jeito de as pessoas fazerem amizades fora da cena comum de bares e baladas.

Para jovens LGBTQIA+, há grupos de apoio especializado em centros de juventude em várias cidades. Um exemplo fabuloso na Inglaterra é o Allsorts Youth Project em Brighton, que dá apoio a pessoas que moram na região costeira. Se você falar com pessoas da sua escola ou procurar na internet, é possível que encontre um grupo de jovens LGBTQIA+ mais ou menos perto de onde você mora.

"Eu venho [ao Allsorts] para interagir com outras pessoas LGBTQIA+. Tem ajuda e conselhos se você está lidando com certas situações, como de saúde mental ou sexual, e é um ambiente legal e simpático."

Lucy, 20, Brighton, Reino Unido.

"Eu venho principalmente para socializar e conhecer pessoas novas, e elas ajudam com coisas, tipo, se eu sofrer *bullying* na faculdade por ser gay, tem pessoas que podem me ajudar com isso."

N, 17, Burgess Hill Sussex West.

"Eu gosto de vir ao Allsorts porque, sendo trans, acho que não existe muito apoio lá fora, e há um grupo separado aqui para pessoas trans. É legal ter um espaço seguro."

Chezra, 19, Brighton, Reino Unido.

Além de ser um lugar legal para frequentar e fazer amizade com gente como você, os grupos de jovens também podem fornecer camisinhas, lubrificante, contraceptivos e aconselhamento, tudo de graça.

Também vale notar que várias universidades têm um grupo LGBTQIA+ no campus. Esse é um jeito fantástico de conhecer pessoas de mentalidade parecida, e uma ótima maneira de se estabelecer fora de casa se você arranjar uma moradia universitária. No Reino Unido, por exemplo, todo ano há um encontro de ORGULHO ESTUDANTIL em que estudantes LGBTQIA+ do país inteiro se juntam para celebrar, se orgulhar, e coisas assim.

Também há encontros de grupos de apoio especializado para pessoas trans ou que estejam pensando em fazer a transição. Veja a lista de "Telefones, sites e outras coisas úteis" no fim do livro.

BARES E CASAS NOTURNAS

Se você mora numa cidade grande (ou perto de uma) e já completou dezoito anos, talvez tenha a sorte de ter um "bar gay" ou "balada gay" a menos de uma hora de distância. Mais uma vez, esses são termos genéricos que também podem incluir "bares de menina" para mulheres gay. Alguns estabelecimentos são (ou têm noites especiais) para *cross-dressers*, transexuais e travestis.

Nem todo mundo gosta desses lugares (lembrando que só atendem maiores de idade), embora a cena gay nas cidades maiores seja mais diversificada e portanto atenda a gostos mais variados. As objeções vão desde a música...

"[A cena gay] é ótima se você gosta de drinques lotados de açúcar e música pop aguada."

Stuart, 33, Brighton, Reino Unido.

até a clientela...

"Tem um monte de bichas maldosas e amargas circulando na maioria das cenas."

Dani, 29, Newcastle upon Tyne, Reino Unido.

MAS o papel do "bar gay" é histórico. Como vimos antes, eles oferecem lugares seguros para pessoas LGBTQIA+ se encontrarem sem serem ridicularizadas ou incomodadas.

Pessoas usam bares e baladas gays de diversas maneiras:

- **Para se divertir.** Qualquer que seja a música que você curte, existe um bar ou balada para você em algum lugar. Você pode ir com amigos e dançar até ficar com cãibra no seu pé gay.

- **Para fazer amizades.** Ao contrário do que afirma a crença popular, pessoas gay e bi nem sempre: A. saem transando, ou B. furam os olhos das outras no primeiro contato. É legal ter amigas e amigos que entendem como é ser LGBTQIA+, porque todos temos experiências compartilhadas, por exemplo sair do armário, as bizarrices do Grindr.

- **Sexo.** As pessoas LGBTQIA+ não detêm o monopólio nesse aspecto. Em qualquer cidade, TODO TIPO DE GENTE vai para casas noturnas para dar uns amassos e talvez algo mais. É a dança do acasalamento humano, e nós fazemos isso ouvindo David Guetta em tocas subterrâneas cheirando a sovaco.

A maioria das cidades grandes ou médias tem pelo menos UM bar ou casa noturna gay. É por isso que pessoas LGBTQIA+ que nascem em áreas rurais muitas vezes se mudam para lugares que têm uma cena gay. Mas ninguém está forçando você a fazer isso. Há um monte de outros jeitos de conhecer pessoas se você não gosta de bares e baladas (ou é jovem demais para ir).

A ARTE DO XAVECO

1 Faça contato visual. Se a pessoa mantém contato visual prolongado, você pode assumir que ela está interessada.

2 Aproxime-se. Comece com um "Oi", "Olá" ou "E aí". Dependendo do país onde você está, talvez tenha de repensar essa estratégia.

3 Se a pessoa reagir positivamente, pergunte se ela quer tomar alguma coisa. (Caso você e ela sejam maiores de idade e o lugar venda bebidas.)

4 Bata papo! Faça elogios! Dance! Ao fazer elogios, sempre escolha coisas não arbitrárias – coisas que a própria pessoa escolheu, como a roupa.

5 Se o momento certo vier, chegue um pouquinho mais perto. Se parecer uma boa ideia, quem sabe você pode tentar dar um beijinho.

Nem preciso dizer que nem todo mundo que você achar atraente vai achar você atraente também. É simples assim. Nem todo mundo é para o seu gosto, portanto você nem sempre será para o gosto de alguém. Se você tomar um fora de uma pessoa que te atrai, nunca leve para o pessoal – você simplesmente não faz o tipo da pessoa, e isso é problema dela, não seu.

"Conheci meu namorado numa casa noturna em Clapham. Eu já tinha visto ele ali antes, e a gente só começou a sorrir e dizer oi quando se via. Uma noite eu vi ele parado sozinho, por isso só cheguei perto e falei com ele. A gente se catou um pouquinho, mas ambos tínhamos amigos hospedados em casa, por isso não passou disso. Eu pedi o telefone dele e a gente combinou um encontro na semana seguinte."

Jamie, 28, Londres.

Pergunta frequente: Por que a cena gay tem tantas drogas? Esse estereótipo não é muito justo, pois qual cena de balada não tem? Casas noturnas e drogas recreativas andam de mãos dadas, e garanto que as baladas héteros têm tantas drogas quanto, mas pode ser surpreendente ver uns caras (ou mulheres) de quarenta ou cinquenta anos tomando fertilizante de planta todo sábado. Talvez seja porque a maioria das pessoas gays não tem filhos esperando em casa e por isso pode pirar um pouquinho. Talvez seja porque somos contra o sistema. Talvez seja porque temos um terrível complexo de Peter Pan e precisamos crescer.

Só porque é um lugar-comum, isso não significa que é CERTO, SENSATO ou PERMITIDO POR LEI. Usar drogas não é nenhuma dessas coisas. Em questão de drogas, assim como em questão de sexo, a ESCOLHA é SEMPRE sua. Ninguém está forçando ninguém a tomar drogas na cena gay.

Cuidado: Drogas ilegais de fato são duvidosas no melhor dos casos, fatais no pior, e você pode acabar com uma ficha na polícia. O St Thomas's Hospital, em Londres, agora cobra uma taxa de algumas baladas gays por causa do número de pacientes que são carregados numa maca da pista de dança direto para lá. Nada sexy.

AMIGOS EM COMUM

Acho que esse é possivelmente o melhor caminho para encontrar um parceiro que combine com você. O que poderia ser melhor que ver os seus amigos vetando possíveis pretendentes, como juízes no *American Idol*: "Não, você não passou para o próximo *round*." "Você passou para a etapa ENCONTRO AO VIVO! Parabéns!" etc.

Um encontro "arranjado" muitas vezes é algo fantástico, mas também pode ser um lance Hora do Pesadelo. ESPECIALMENTE quando você acabou de sair do armário, pessoas bem-intencionadas (muitas vezes hétero) vão bombardear você com coisas como "AAAAAH, EU CONHEÇO A PESSOA CERTA – VOCÊ DEVIA SE CASAR COM ELA!". É triste que muitas pessoas hétero pensem que o verdadeiro amor consiste apenas em ter em comum o atributo "gay". Não é assim.

Outros amigos LGBTQIA+, ou que conheçam você bem, no entanto, podem ser ótimos casamenteiros, principalmente depois que conhecem o seu "tipo". Muitas pessoas dão festinhas em casa para integrar os amigos solteiros, e têm esperança de que você também leve outras pessoas desimpedidas!

Laura, 21, uma menina trans, e a parceira dela começaram só na amizade:

Conheci a Tess em 2008. Quando nos conhecemos, eu ainda vivia como menino e numa negação total de por que eu sentia tanta depressão o tempo todo. Nos conhecemos quando ela entrou com uns amigos na doceria onde eu trabalhava, e a gente se deu bem logo de cara. Começamos a conversar porque ela era superfã da banda estampada na minha camiseta. Nós nos encontramos depois do trabalho para passear, e muito rapidamente já tínhamos uma amizade forte, mas nunca tivemos uma ligação romântica. Sabíamos que o que sentíamos não era atração mas amizade.

Alguns anos depois, minha disforia de gênero atingiu seu auge. Eu estava quase pensando em suicídio por causa das mudanças que estavam acontecendo com o meu corpo, e eu simplesmente não queria enfrentar a realidade de que não podia aguentar por muito mais tempo a vida que estava levando. Por isso procurei a Tess. Ela foi a primeira pessoa para quem revelei meus sentimentos de disforia, e ela me deu um apoio enorme, me ajudando a encontrar recursos e estando ao meu lado quase sempre durante os primeiros estágios da transição.

Ela estava presente enquanto eu tentava decidir um novo nome, nas minhas primeiras tentativas tímidas de me apresentar como menina e nas primeiras vezes em que saí em público como Laura, e sempre esteve do meu lado, orgulhosa de me conhecer, orgulhosa de ser parte do período na minha vida em que a maioria das pessoas que são *trans allies*[1] são mais hesitantes. Ela foi a primeira pessoa que passou a se referir a mim só pelo novo nome, a primeira que me forneceu apoio e ficou do meu lado em todos os momentos.

A Tess é gay. Na época em que eu a conheci, ela só namorava mulheres. Eu sabia que ela já tinha

---

1. Pessoas cis que são aliadas das pessoas trans na luta contra a discriminação. (N. do T.)

namorado homens antes, mas desde a primeira vez que ficou com uma mulher nunca mais voltou atrás. Quando fiz a transição, nosso relacionamento começou a mudar também. Ficou claro que, embora nem eu nem ela tivéssemos interesse num relacionamento heterossexual, nos interessamos mutuamente conforme eu progredi na minha transição. Sei que muitos dos meus receios contra relacionamentos deviam-se ao meu ódio profundo do meu corpo antigo e ao fato de que eu não tinha interesse em relacionamentos heterossexuais. Sair do armário e começar a me permitir alguma liberdade em relação a quem eu era me abriu completamente para a perspectiva de sentir atração e amor por alguém.

Conforme fui fazendo a transição, a Tess começou a me ver como alguém que ela achava atraente também. O que antes era uma ótima amizade, quando surgiram de repente sentimentos românticos e sexuais, não levou muito para virar o começo de um namoro. Dois anos depois, ainda estamos firmes e fortes, mais felizes do que nunca e ansiosas para o que o futuro nos reserva. Ela teve um respeito incrível pelos meus limites em relação ao meu corpo, e ficou do meu lado o tempo todo, me lembrando que alguém neste mundo me acha bonita, mesmo quando eu não acho.

ON-LINE

Hoje todo mundo vive online. Portanto, faz sentido que a parte social das redes sociais envolva conhecer novos amigos e possíveis parceiros. Não conheço ninguém que NUNCA tenha recebido mensagem privada de algum seguidor desconhecido. Mas não se esqueça de que há limites de idade na maioria das plataformas de redes sociais.

Alguns sites são feitos especialmente para encontros – qualquer que seja sua identidade – e todos são criados para ajudar pessoas a se conhecerem para romance, namoro ou sexo.

Dicas para namorar on-line

- NUNCA coloque informações pessoais, como seu endereço ou telefone, visíveis nos sites (a não ser que você curta um assassinato).

- É educado apresentar uma foto clara e recente do seu rosto. E não use o Photoshop, isso é trapacear!

- Se você decidir conhecer alguém, marque um encontro num café ou bar iluminado, não num beco deserto.

- Algumas pessoas marcam de se encontrar em casa – esteja ciente de que, se fizer isso, você estará convidando pessoas desconhecidas para a SUA CASA. Isso nunca é 100% seguro.

Esteja ciente de que muitos sites de encontros têm uma idade mínima de dezoito anos, embora algumas pessoas marquem encontros pelo Twitter ou pelo Facebook também.

"Tive encontros (e consequentemente sexo) com pessoas que conheci pelo Twitter, mas elas vieram como resultado das minhas interações normais ali, não como uma coisa deliberada. O Facebook é diferente – é reservado para pessoas que eu realmente 'conheço'."

Luke, 28, Londres.

APLICATIVOS

A revolução dos smartphones entendeu que, como qualquer coisa no século XXI, no fim a gente ia querer fazer download de sexo. Eu não me surpreenderia se, daqui a uns anos, pudermos fazer *download* da ideia de sexo de um jeito tão convincente que não vamos mais ter de nos preocupar com fluidos corporais melados e essas pentelhações emocionais.

É fato que, embora pessoas adultas às vezes estejam em busca de um relacionamento sério, outras vezes elas só estão procurando um pouquinho de diversão. Você talvez acabe concluindo que os homens gay e bi, em especial, parecem gostar bastante de sexo. Ok, quase todo mundo gosta de sexo, mas os caras gays parecem dominar o mercado. Lembre-se, não há problema nisso desde que você seja sincero e sempre use camisinha. Homens gay e bi devoraram o sexo por aplicativos feito formigas atacando um bolo.

A tecnologia muda numa velocidade assustadora (o Qrushr, aplicativo para lésbicas, já surgiu e desapareceu), mas parece que um líder de mercado, o Grindr, chegou para ficar. **Nota: o Grindr também exige a idade mínima de dezoito anos.**

Como funcionam os aplicativos de sexo:

1. Você faz um *upload* de uma fotinho sua no aplicativo.
2. O aplicativo descobre sua localização.
3. O aplicativo diz quais são as pessoas homossexuais mais próximas.
4. Você pode conversar com elas.
5. Porque elas estão perto, é fácil encontrá-las.

VEJA BEM. Nem todo mundo num aplicativo de sexo está lá procurando sexo. Assim como um site, esse é só outro jeito de conhecer pessoas de mentalidade parecida (existem, SIM, versões desses aplicativos para lésbicas). Mais uma vez, o aplicativo elimina a necessidade de perguntar: "Ei! Você aí do braço fortão! Você é gay, rapaz?"

Se você quer usar um aplicativo de sexo para conversar ou marcar encontros, seja MUITO claro a esse respeito. Nesse caso, postar uma foto do seu peito peludo passaria meio que a ideia errada, não? Do mesmo jeito, se você está procurando a onipresente "diversão" (as palavras "sexo", "transar" e outras coisas vulgares são proibidas em vários aplicativos de sexo), seja claro sobre isso para não ferir os sentimentos de ninguém.

A maioria de nós conhece pelo menos um casal que se ama que se conheceu num aplicativo de sexo e a coisa virou mais que isso, mas vale educadamente lembrar que baixar um aplicativo de sexo para encontrar um parceiro estável é meio como ir ao KFC procurando comida saudável – literalmente infrutífero.

O GRANDE DEBATE SOBRE APLICATIVOS DE SEXO

Pró aplicativos

"Já usei o Grindr – as vantagens são que você pode conseguir depressa o que quer. O lado ruim é que são as mesmas pessoas várias vezes, por isso pode ficar chato muito rápido, e tem um monte de 'E aí, tudo bem?' que são meio dispensáveis. Prefiro ser mais direto nesses contextos."

Jonny, Londres.

"Os benefícios são óbvios: sexo rápido, fácil e descomplicado. Por outro lado, você sempre encontra as mesmas pessoas online quando está em casa, e o contato com as pessoas é somente na base da proximidade – por isso as chances de encontrar alguém com quem você tenha mais que uma conexão física são muito pequenas."

Luke, 28, Londres.

"Conheci uma variedade de gente interessante [através de aplicativos de sexo]. Mas eles são predominantemente usados para sexo. São vendidos como aplicativos de 'rede social', mas todos sabemos para que realmente servem. É meio que nem vender um *dildo* sob o pretexto de que só deve ser usado como segurador de porta. Não tenho problemas com esse aspecto – se as pessoas querem sexo casual, então uma coisa como o Grindr é essencial -, mas fiz uns tantos amigos novos através dele, por isso, como qualquer coisa, acho que é o que você decide fazer com ele."

Stuart, 34, Brighton.

Outra grande vantagem dos aplicativos de sexo é que eles permitem um grau de anonimato. Por isso caras e meninas que ainda não "saíram do armário" podem encontrar pessoas desse jeito sem ter de se identificar entrando num "bar gay".

Antiaplicativos

"Depois de um rompimento longo e meio complicado, usei por um breve período o Grindr e o Scruff - achando que seria um jeito fácil de conhecer um possível namorado... Percebi muito rapidamente que esses serviços são acima de tudo projetados para permitir que pessoas de mentalidade parecida tenham encontros sexuais - e não era isso o que eu estava procurando."

Mike, Londres.

"Não acho que exista alguma vantagem nesses aplicativos. Não acredito que eles sejam seguros."

Mica, 23, Londres.

"Conheço um cara que pegou gonorreia, clamídia e sífilis de algum cara que ele conheceu no Grindr. Tudo de uma vez só, tipo *compre um, leve três*."

Ryan, 32, Nova Jersey, EUA.

"Baixei o Grindr e já bati papo com uns homens, mas nunca tive encontros com ajuda dele. Se alguém estava precisando de um encontro sexual, fosse uma transa ou algo menos casual, quase sempre podia achar alguma coisa. Porém os homens nesses aplicativos tendem a ser superficiais em questões de aparência e identidade sexual (i. e., 'procurando machos', 'só brancos e asiáticos' etc.)."

Anon, 20, Minneapolis, Michigan, EUA.

Usar um aplicativo de sexo para transar com alguém é algo REPLETO de possíveis riscos que não são responsabilidade dos criadores. Escondida nos sites dos aplicativos (em letrinhas pequenas) há uma seção de segurança que aconselha os usuários a fazer escolhas sensatas de "namoro". Sim, todo mundo no Grindr está procurando um bom e belo namoro.

Para conseguir sexo a partir de um aplicativo de sexo, você vai ter de encontrar um parceiro em potencial, o que significa que a pessoa vem à sua casa ou você vai à dela. Obviamente, isso é bastante arriscado.

Como mencionei acima, o anonimato dos usuários de aplicativos de sexo significa que eles viraram colônias de parceiros infiéis – uma escadinha para pular a cerca, digamos. Cuidado com perfis sem rosto. Eles não têm rosto por algum motivo.

Algumas dicas para aplicativos de sexo

- Coloque uma foto sua. Não roube a de outra pessoa. Isso é bizarro, e meio podre.

- Se você não incluir uma foto do seu rosto, já espere que a primeira mensagem que QUALQUER PESSOA vai te mandar será "TEM FOTO DE ROSTO?".

- No mesmo quesito, se você acha que seu atributo mais convincente é seu peito sem camisa, eu discordo. Não seja um camarão – "o corpo é uma delícia, mas a cabeça eu não comeria".

- Se você não disser sua idade, peso e altura, as pessoas vão pensar que você pode estar querendo esconder algo.

- Se estiver batendo um papo "quente", compartilhar fotos das suas partes íntimas não é uma ótima ideia. Essas fotos circulam. Use seu bom-senso.

- Se você está com TANTO TESÃO que quer encontrar alguém só para transar, encontre a pessoa num lugar público para beber alguma coisa antes. Assim você pode avaliar se gosta dela em carne e osso (e se ela não é uma psicopata bizarra com sangue nos olhos) antes de convidá-la para entrar na sua casa. Isso é MUITO mais seguro, obviamente.

- Você SEMPRE pode dizer NÃO. Se alguém de um aplicativo de sexo aparece na sua frente e você não vai com a cara da pessoa, não tenha medo de lhe dar tchau logo na porta (do lugar seguro e público onde você escolheu se encontrar). É constrangedor, claro, mas melhor do que sexo constrangedor.

- Esta eu nem precisaria dizer, mas SEMPRE USE CAMISINHA.

- Se você está no Grindr e é menor de dezoito anos (acontece), esteja ciente de que trocar fotos "adultas" na verdade é ilegal – você está distribuindo pornografia infantil, mesmo que seja de você mesmo.

NAMORANDO PESSOAS DO MESMO SEXO

Recorrendo a velhos estereótipos batidos, os homens gays vão direto para a cama e as mulheres gays vão direto para o pet shop mais próximo, mas já que ser gay agora é algo bastante *mainstream* é provável que em algum momento você vai querer "namorar" longe dos *dark rooms* subterrâneos e dos shows de *drag queen*.

Depois que você encontrou alguém, seja na rua, no bar, na balada ou no aplicativo, você vai precisar conhecer melhor a pessoa. Como é que a gente faz isso? Como a maioria das pessoas, é só questão de sair e conversar. Conhecer melhor é essencial, porque a embalagem externa, por mais linda que seja, não vai prender seu interesse por muito tempo*.

* Exceto no caso do Jake Gyllenhaal. Eu poderia ficar só olhando para ele até o fim dos tempos.

IDEIAS PARA ENCONTROS

Restaurante	Museu	Boliche	Cinema
Teatro	Passeio/caminhada	Academia	Compras
Exposição	Show	Piquenique	Minigolfe
Turismo	Passeio de bike	Tomar uns drinques	Café e pão de queijo
Recital	Velejar	Pintar uma caneca	Degustação de vinhos

Essas são apenas vinte sugestões – sinta-se livre para ter suas próprias ideias. Acho que aquelas em que você FAZ COISAS, como uma exposição ou um show, são as MELHORES, porque daí você tem algo para comentar bem na sua frente. Os primeiros encontros podem ser complicados porque no começo vocês talvez não tenham nenhum ponto em comum; por isso vira meio que uma entrevista de emprego, com cada pessoa apresentando fatos sobre sua vida.

Dito isso, sair junto é importante para descobrir se tem alguma coisa que você curte dentro da bela embalagem. Isso pode levar semanas, até meses. Não tenha pressa. O objetivo de ter um encontro é decidir se a pessoa com quem você está saindo é alguém que vale a pena manter.

QUEM PAGA A CONTA NUM ENCONTRO GAY (ou um gaycontro, hahaha)?

Para pessoas heterossexuais, essa questão é curiosamente medieval – o cara quase sempre se oferece para pagar, a não ser que seja um homem terrível.

Mas e se são dois caras ou duas meninas? Generosidade é algo megassexy, por isso acho que é sempre legal se oferecer para pagar. A outra pessoa provavelmente vai dizer: "Imagine, vamos rachar a conta." É geralmente assim que rola.

Se o encontro foi bom e você gostaria de sair de novo, sempre pode dizer: "Bom, você paga essa e eu pago a próxima..."

Se vocês receberam a conta e a outra pessoa começa a calcular exatamente o que cada um comeu, largue essa pessoa na hora.

NAMORANDO TRANS

Isso é complicado. Uma pessoa trans pode também ser gay ou bi, portanto algumas das informações das seções anteriores são relevantes, porém algumas pessoas trans se identificam como hétero. Ser trans pode ser uma complicação em novos relacionamentos, mas nem sempre. Muitos parceiros aceitam totalmente a situação porque se apaixonaram por VOCÊ, não pelos seus órgãos genitais! Muitas pessoas trans recebem apoio de parceiros novos, ou já existentes, durante a transição.

O receio de não encontrar alguém para começar um namoro nunca deve ser um obstáculo que impeça uma pessoa de mudar seu gênero. É muito mais importante ser quem você realmente é do que estar num relacionamento. Quando você estiver feliz e contente, vai atrair muito mais parceiros de qualquer modo!

Jane, de Washington DC, EUA, é uma mulher trans que namora principalmente mulheres:

[Eu uso] quase exclusivamente o OKCupid. O motivo é que ele me permite "filtrar" pessoas que têm problemas com pessoas transgênero. O OKCupid tem uma pergunta específica, "você namoraria uma pessoa que fez mudança de gênero?", e outra, "em que momento é apropriado uma pessoa transgênero revelar sua condição de gênero?".

Não tenho ideia do que AS PESSOAS faziam antes da internet, mas hoje há uma série de sites de namoro online especialmente para pessoas trans, lembrando mais uma vez que você deve ser maior de idade para acessar a maioria deles.

Harrison, do Reino Unido, se identifica como transbissexual:

Para mim, acho que namorar ficou mais fácil desde que me revelei como trans. Sempre sou sincero, o que acho que é algo que eu desejo pessoalmente num relacionamento, independentemente do gênero ou da sexualidade. Descobri que depois de sair do armário eu era mais confiante para abordar pessoas, inclusive que isso intrigava um monte de gente. Alguns amigos admitiram que questionaram sua própria sexualidade por terem conhecido pessoas trans e pela possibilidade de namorar alguém LGBTQIA+.

Minha única experiência de namoro negativa como homem trans foi que a pessoa com quem eu estava saindo quando me revelei – que se identificava como bissexual – teve uma reação negativa. Embora eu não conte isso como uma perda, vim a entender que eu precisava estar com alguém que respeitasse meu estilo de vida e o fato de eu querer fazer a transição. No fim das contas, estou fazendo a transição por mim mesmo, e não por mais ninguém!

Duncan é um homem trans de Jackson, Mississippi, EUA

Ficar à vontade comigo mesmo e ser totalmente aberto sobre minha condição de trans significa que eu acabo saindo com pessoas realmente interessadas em mim. E se o fato de eu ser trans afugenta a pessoa é porque a gente não precisava estar namorando de qualquer modo.

Sinceramente, a maioria dos meus encontros depois da transição foi positiva. As únicas coisas negativas não tiveram nada a ver com o fato de eu ser trans, aconteceram só por incompatibilidade com alguém.

CAPÍTULO 9
SEXO GAY, POR DENTRO E POR FORA

> Este capítulo é sobre sexo. Portanto tem sexo nele. DÃÃÃ. Se você é um leitor mais jovem e sente que ainda não chegou a hora de saber maiores detalhes sobre o acasalamento entre pessoas do mesmo sexo, então pule este capítulo inteiro.
>
> NO ENTANTO, antes de fazer isso, quero te lembrar de que as pessoas talvez tenham te ensinado tudo sobre sexo hétero quando você tinha tipo uns DEZ ANOS DE IDADE. O fato de não terem ensinado também o que fazem os casais homossexuais não é nada menos que homofobia institucionalizada. O sexo hétero foi apresentado como norma, para fazer com que 5% da população se sinta anormal.
> Tem alguma coisa nojenta no sexo gay? Tem alguma coisa errada? Desafio qualquer político a discutir isso comigo. VOU DETONAR ESSE CARA.
>
> Este capítulo diz simplesmente todas as coisas que professores DEVERIAM estar dizendo se quisessem incluir pessoas com sentimentos homossexuais.

Quando eu era criancinha, a ideia de dois homens ou duas mulheres fazendo sexo era engraçadíssima. Concluí numa muito tenra idade que um menino precisava enfiar o pintinho numa perereca para fazer um bebê acontecer. Isso fazia sentido. O que não fazia sentido era como dois homens podiam gostar de fazer a ponta dos seus pênis se encontrar no meio, ou que alegria duas mulheres podiam sentir em ficar esfregando suas pombinhas. Só o atrito já bastaria para começar a pegar fogo.

Eu, sem brincadeira, achava que "dar a bunda" era o ato de bater uma bunda na outra, como uma guerra de travesseiros de carne. Não entendia como uma atividade tão saudável podia causar tanto ultraje e desprezo.

Minha confusão, tenho certeza de que você concorda, era deliciosamente inocente, mas na verdade apontava para algo muito mais sombrio.

Era uma vez na Inglaterra uma senhora muito malvada – pelo bem da discussão, digamos que o nome dela era Maggie[1]. Ela decretou que os professores não deviam incluir "estilos de vida gay" nas aulas de educação sexual. Isso foi chamado de "Seção 28" e explica por que eu não tinha a menor ideia do que casais do mesmo sexo faziam entre si.

Alguns anos depois, um homem um pouco menos malvado – vamos chamá-lo de Tony[2] – retirou essa lei. Isso foi bom porque agora os professores PODIAM falar de ser gay nas escolas.

Só tinha um problema: muitos professores ainda não falavam porque ninguém disse a eles exatamente o que eles deviam dizer aos jovens. Os professores não recebem roteiros. Muitas vezes, os professores britânicos ainda contornam totalmente o assunto porque têm medo de serem "inapropriados". Como pode ser "inapropriado" ensinar MILHARES de jovens LGBTQIA+ nas escolas a praticar relações sexuais seguras e saudáveis?

"Minha escola era profundamente conservadora, e nossa educação sexual era toda dedicada a nos deixar chocados para desestimular comportamentos sexuais, mostrando montes de fotos de genitálias com doenças. De algum modo isso não violava a política de 'proibido pornografia' deles; talvez não conte como pornografia se você sente ânsia de vômito só de olhar. A existência de pessoas LGBTQIA+ era ignorada."

Stephen, 22, Joanesburgo, África do Sul.

---

1. Margaret Thatcher (1925-2013) foi a primeira-ministra da Inglaterra de 1979 a 1990. Conhecida como "Dama de Ferro", foi a precursora do que hoje chamamos de neoliberalismo, e não era nada legal com a população LGBTQIA+. (N. do R.)
2. Tony Blair (1953-) foi primeiro-ministro da Inglaterra pelo partido trabalhista, e autor da ideia de Terceira Via, que concilia o neoliberalismo com certo assistencialismo estatal. Ele foi um pouco mais bacana com os homossexuais e transgêneros. (N. do R.)

Para a sorte do UNIVERSO, portanto, eu sou uma sem-vergonha que vai alegremente dar a você (opa) uma ideia de como é o "sexo gay", por dentro e por fora.

Uma palavra sobre pornografia

Minhas primeiras experiências sexuais foram incidentes tão pavorosos, constrangedores e traumatizantes que tenho medo de lembrar. Eu estava bem despreparado. Você acha que assistir pornografia até seus olhos derreterem vai ajudar – acredite, não ajuda.

James, 20, Londres.

Vamos deixar clara uma coisa: pornografia NÃO É educação sexual. Isso vale para qualquer pornografia – gay, hétero, lésbica, o que seja. Veja por quê:

1. Atrizes e atores pornôs são especialistas em sexo. Ninguém espera que você consiga fazer isso – principalmente quando você está aprendendo.

2. Pornografia não reflete a vida real. Se os homens no exército estivessem transando tanto quanto a pornografia gay sugere, o mundo estaria em grande perigo.

3. Atores e atrizes pornôs são selecionados devido a seus corpos fantásticos, seus perus enormes e seus peitos de silicone. São poucas as pessoas na vida real que têm essa aparência.

4. Se todas as mulheres gays realmente tivessem unhas tão compridas, os prontos-socorros estariam muito mais ocupados, com um monte de clitóris machucados.

5. Ninguém está usando camisinha. Você sempre deve usar camisinha.

Basicamente, pornografia é uma coisa legal e divertida, mas não é REAL de modo algum. Você pode pegar ideias, mas definitivamente não é para iniciantes. Todo mundo, incluindo jovens gays, lésbicas, bi, curiosos e *queer*, tem direito a uma educação sexual de qualidade, ministrada por especialistas.

"Virgindade gay"

O sexo heterossexual é ensinado como A NORMA. Não só na escola mas em 99% dos programas de TV, filmes, livros, revistas e artigos de jornal. Não é de espantar, portanto, que muitas pessoas LGBTQIA+ tenham seus primeiros envolvimentos sexuais com o sexo oposto. Ah, como é boa a sensação de ser enfiado à força em normas sociais. Muito aconchegante.

Sendo assim, muitas pessoas LGBTQIA+ perdem a virgindade duas vezes – uma com cada gênero! Ambas podem ser igualmente angustiantes, mas é assim que muitas pessoas descobrem qual é sua preferência sexual.

"Perdi a virgindade aos dezesseis anos. Na época eu estava fazendo um esforço coordenado para provar a mim mesmo que eu era um homem hétero e conseguir ignorar meus pensamentos, e minha atração por mulheres era tudo o que eu tinha para me apegar nesse quesito. Rapidamente percebi que, embora sentisse atração por mulheres, elas não me atraíam como homem, mas como mulher, num sentido puramente feminino. Gosto de pensar que perdi minha 'virgindade gay' aos vinte anos, no ano passado. Essa foi a primeira vez em que eu fiz sexo com uma parceira que me via como mulher, que nos via como um casal gay e estava disposta a cooperar comigo para fazer sexo de um jeito que me parecesse apropriado. Foi a primeira vez em que fiz sexo como mulher, aos meus olhos e aos olhos da minha parceira, o que me parece um acontecimento muito mais real."

Laura, 21, Reino Unido.

"Com um cara foi constrangedor. Eu não sabia o que estava fazendo nem o que devia estar sentindo. Estava bem desconectada de mim mesma. Com uma menina foi excitante, foi confortável. Ajudou o fato de que, para nós duas, era a primeira experiência com meninas, por isso nenhuma de nós realmente sabia o que estava fazendo. Mas aprendemos depressa, e foi bastante divertido."

Sarah, 29, Iowa, EUA.

"No meu aniversário de dezesseis anos, fui ficar à toa numa loja de guitarras perto de casa, onde eu costumava passar muito tempo. O dono era mais velho, e casado, e a gente já estava flertando fazia alguns meses, embora até então não tivesse dado em nada. Nesse dia, porém, passei horas ali, pois não tinha nada para fazer até minha mãe sair do trabalho. A loja estava tranquila, e conforme a manhã foi avançando a coisa ficou cada vez mais tátil, até um ponto em que a gente estava esfregando as virilhas um no outro. A gente conseguiu se refrear para não tirar o pau para fora no meio da loja, e ele sugeriu que eu fosse na casa dele no dia seguinte, que era sua folga, quando a mulher dele estivesse ocupada ajudando a 'lavar o carro'. Quando cheguei o carro já estava lavado, e nós dois demoramos umas duas horas para tomar coragem de fazer qualquer coisa. Nesse meio-tempo ficamos batendo papo, o que foi uma tortura, e folheamos o caderno de ofertas da semana do Lidl. Continuamos nos vendo por alguns meses."

L, 28, Brighton, Reino Unido.

Parte um: sexo de homem para homem

Eis aqui um diagrama de um homem. Se você também é menino, provavelmente já sabe quais partes dão uma SENSAÇÃO GOSTOSA quando alguém encosta nelas, mas aqui vai um guia geral.

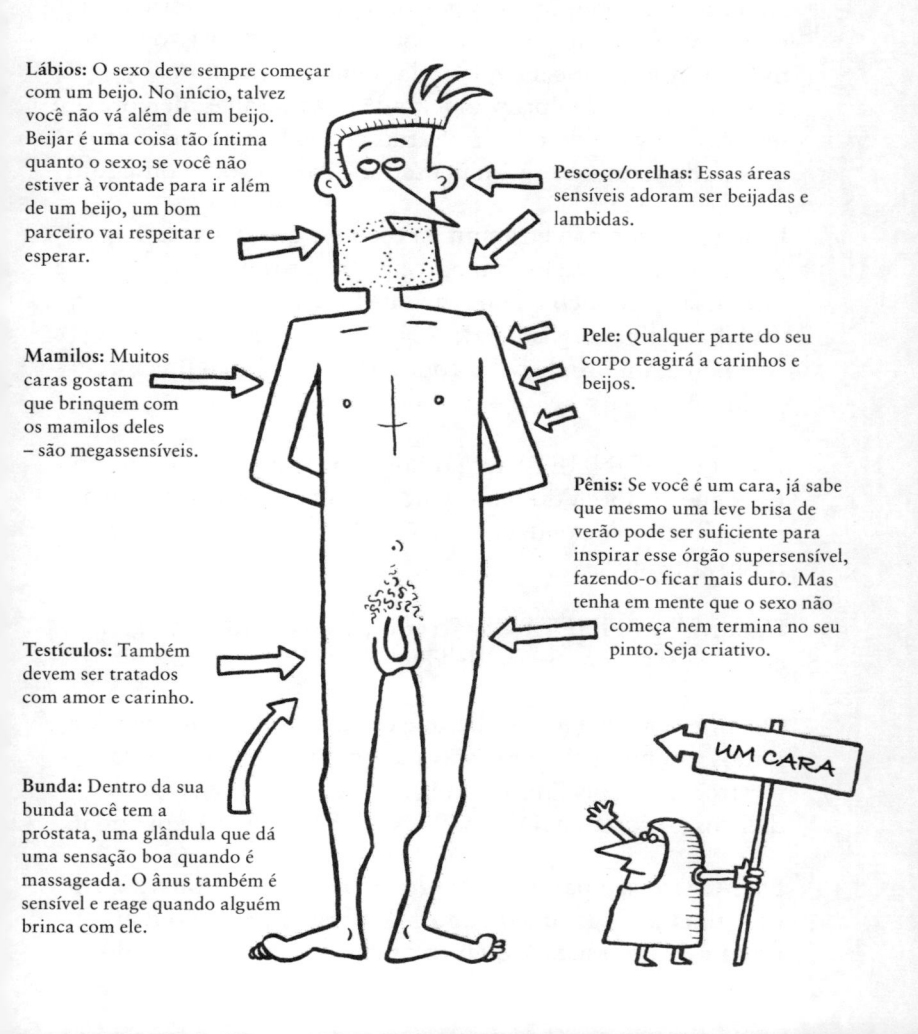

Lábios: O sexo deve sempre começar com um beijo. No início, talvez você não vá além de um beijo. Beijar é uma coisa tão íntima quanto o sexo; se você não estiver à vontade para ir além de um beijo, um bom parceiro vai respeitar e esperar.

Pescoço/orelhas: Essas áreas sensíveis adoram ser beijadas e lambidas.

Mamilos: Muitos caras gostam que brinquem com os mamilos deles – são megassensíveis.

Pele: Qualquer parte do seu corpo reagirá a carinhos e beijos.

Pênis: Se você é um cara, já sabe que mesmo uma leve brisa de verão pode ser suficiente para inspirar esse órgão supersensível, fazendo-o ficar mais duro. Mas tenha em mente que o sexo não começa nem termina no seu pinto. Seja criativo.

Testículos: Também devem ser tratados com amor e carinho.

Bunda: Dentro da sua bunda você tem a próstata, uma glândula que dá uma sensação boa quando é massageada. O ânus também é sensível e reage quando alguém brinca com ele.

UM CARA

Fazendo o tal do sexo

Dois homens podem dar prazer um ao outro de uma série de jeitos divertidos.

1. Punheta: Talvez a habilidade mais importante que você vai dominar como homem gay ou bi é o eterno clássico – a punheta. A boa notícia é que você pode praticar isso em si mesmo. A má notícia é que cada homem está muito acostumado ao seu próprio jeito de gozar. Talvez demore um tempão até você descobrir o estilo pessoal de um parceiro, mas pode ser muito recompensador quando você conseguir.

Uma coisa que não ensinam na escola é que, para conseguir gozar de fato, você ou seu parceiro talvez precisem "finalizar o serviço" com a mão. Muitas pessoas acham difícil atingir o orgasmo através de outros tipos de sexo. Isso não é um problema, e com certeza você não precisa pedir desculpa.

Uma BOA PUNHETA tem tudo a ver com a ação do pulso. Esfregue a cabeça do pinto para a frente e para trás com a mão. Tente velocidades e pressões diferentes até ele reagir positivamente.

Uma MÁ PUNHETA é agarrar o peru com força e agitar como se fosse um frasco de ketchup.

Por fim, a ideia equivocada que eu tinha sobre esfregar dois pintos um no outro não estava assim tão longe da verdade – esfregar os dois juntos numa mão só é uma sensação deliciosa – MEGACOMBOPUNHETA (patente requerida).

DICA: Se o seu parceiro for circuncidado, você talvez queira usar uma gota de lubrificante – lembre que ele não tem tanta pele para mexer quanto os caras não circuncidados.

2. Boquete: Sexo oral é enfiar o peru de outro menino na sua boca, ou enfiar o seu na dele. Existe uma única regra crucial na hora de tocar a flauta – CUIDADO COM OS DENTES. Lábios e língua, sim; dentes, NÃO.

Como na questão das punhetas, e dos ovos no café da manhã, cada homem gosta de boquetes servidos de um jeito diferente. A expressão "fazer uma chupeta" já deixa claro do que se trata. Mas vá com calma, você não está tentando sugar os rins do cara pelo canal da uretra. A ideia é mais deslizar a boca para cima e para baixo ao longo do pau dele.

Deixar um cara gozar dentro da sua boca é uma péssima ideia no que se refere a sexo seguro. Tire a boca do vulcão antes de ele entrar em erupção. Na verdade, lembre-se de que várias doenças sexualmente transmissíveis (DSTs) muitas vezes são espalhadas através do sexo oral.

3. Sexo no bumbum: É uma verdade universal que muitos homens gostam de enfiar o pinto dentro das coisas. Suspeito que isso seja biológico. Bom, na ausência de uma vagina, homens gay e bi fazem um excelente uso da portinha de trás.

Quer saber um segredo? Pessoas héteros também fazem sexo anal o tempo todo. Outro segredo? Caras héteros gostam que enfiem coisas na bunda deles tanto quanto os gays. Por quê? Como eu mencionei antes, a próstata (glândula localizada dentro da bunda masculina) dá uma sensação incrível quando é massageada. Vários caras, gay ou hétero, gostam dessa sensação. Sexo anal NÃO É uma "coisa de gay".

Mesmo assim, diferente do sexo vaginal, o sexo anal requer um pouco mais de planejamento. Veja por quê:

> Preparação: Por mais agradável que seja o sexo anal, não podemos esquecer que a função primária da passagem de trás é fazer cocô. Cocô não é sexy. Portanto, se você planeja fazer sexo anal, vai precisar dedicar um tempinho para garantir que o cocô não apareça de surpresa no meio da brincadeira.

O melhor e mais saudável jeito é ter o cuidado de ir ao banheiro antes de tentar fazer sexo anal e dar uma bela limpada. O cocô não fica preso no reto, portanto geralmente não há problema. Algumas pessoas preferem fazer uma ducha íntima (a famosa "xuca"). Você pode comprar um objeto próprio para isso, pela internet ou num sex shop, ou usar um chuveirinho de privada se tiver um. Basicamente, o processo envolve espirrar um pouco de água dentro da sua entrada dos fundos para limpar totalmente a área. Faça você mesmo sua irrigação intestinal!

Funciona assim: Espirre a água morna dentro do seu bumbum, prenda por alguns instantes e depois solte dentro da privada. Repita esse processo duas ou três vezes, ou até a água sair limpa de dentro de você. Atenção: Essa água não é para beber.

Muita gente não faz a "xuca". Primeiro porque não é uma coisa muito espontânea, segundo porque algumas fontes sugerem que pode ser mais maléfico do que benéfico lavar o revestimento mucoso do ânus (que o protege contra fissuras, assim evitando algumas DSTs).

Admito que isso não soa MUITO sexy, mas essa é a realidade do sexo anal, infelizmente, e um pouco de planejamento vai tornar o seu sexo mais gostoso.

Papéis: É aqui que o acasalamento de homem com homem pode ficar complicado. No fim das contas, se vocês querem fazer sexo anal, um de vocês terá de ser o "ativo" (aquele que enfia o pinto) e o outro será o "passivo" (o dono do bumbum onde o pinto é enfiado). Os homens gays parecem passar um tempão falando disso. Na verdade não é grande coisa, porque os caras, em sua maioria, são "versáteis" e podem alegremente trocar de papel dependendo do clima, embora alguns prefiram ser estritamente ativos (*top*) ou passivos (*bottom*).

Será que o ativo é "o homem" e o passivo é "a mulher"?

NÃO. A ideia do sexo gay é justamente que são dois homens. Ser o passivo não faz com que um cara seja menos masculino do que seu parceiro ativo. Pense do seguinte modo: ele está "aguentando como um homem".

Como saber se você é ativo ou passivo? É fácil – se a ideia de ter um cara enfiando uma coisa grande e dura na sua bunda desperta sua vontade, você provavelmente é passivo. Está vendo? Fácil.

Alguns caras são bastante diretos sobre sua preferência, pois isso acaba poupando tempo e o possível constrangimento de, na cama, dois ativos ferrenhos acabarem tentando desesperadamente convencer o outro a mudar de ideia. Na maior parte das vezes, isso pode ser resolvido conforme as coisas se desenrolam entre vocês e, como mencionei acima, não há regra que diga que vocês têm de fazer sexo anal toda vez que transarem. Longe disso.

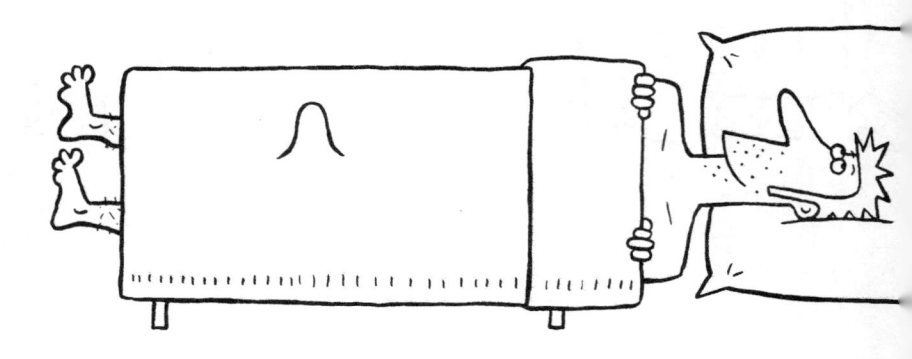

Lubrificante: Diferente da vagina, o ânus NÃO lubrifica a si mesmo. Você PRECISA de lubrificante se vai tentar fazer sexo anal. Por dois motivos. Um, sexo anal dói. O ânus não tem uma capacidade de se expandir igual à da vagina. Isso significa que é um buraco estreito, o que é gostoso para o ativo, mas também que pode ser muito desconfortável para o passivo. É por isso que muitos homens não gostam de ser passivos. Com um bom lubrificante à base de água, no entanto, pode ser um prazer enorme – um tipo gostoso de dor, como uma massagem profunda nos seus tecidos.

Dois, o lubrificante diminui a probabilidade de a sua camisinha rasgar. O ânus é uma membrana bastante frágil, o que significa que é mais fácil pegar DSTs através de sexo anal do que vaginal. Você realmente **precisa** usar camisinha para fazer sexo anal.

P.S. Um pouco de cuspe, no estilo Brokeback Mountain, NÃO é um substituto para um lubrificante decente à base de água, que você pode ganhar junto com camisinhas em bares gays, em consultórios e clínicas, ou comprar em quase todo lugar. Vaselina e óleo de bebê são à base de óleo, e na verdade agridem a camisinha. Não use isso como lubrificante.

Por fim, vale notar que alguns homens gay e bi simplesmente não gostam de sexo anal. Talvez seja por ser meio dolorido, ou talvez por ser o buraco de onde sai o cocô, mas alguns caras (e meninas) preferem não mexer com isso, e tudo bem. NÃO fazer sexo anal não quer dizer que você não pode se identificar como homem gay, OBVIAMENTE.

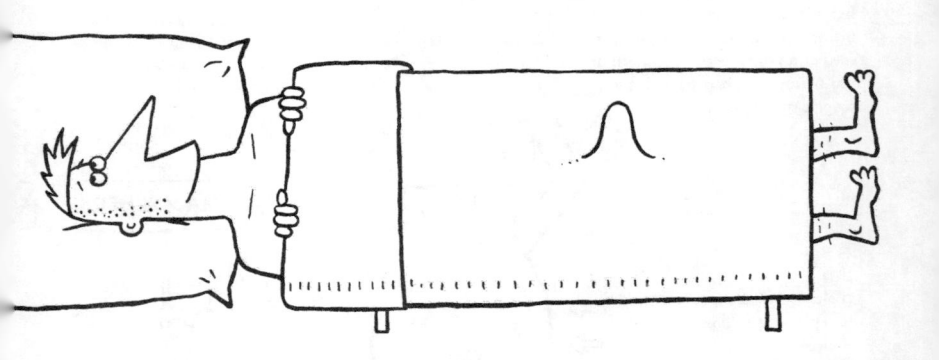

Parte dois: sexo de mulher para mulher

Eis aqui um diagrama de uma mulher. Se você também é mulher, provavelmente sabe quais partes dão uma SENSAÇÃO GOSTOSA quando alguém encosta nelas, mas aqui vai um guia geral.

Clitóris: Observe o diagrama. Nas mulheres é um pouquinho mais difícil que nos homens, que têm tudo pendurado para fora. O clitóris é um aglomerado supersensível de terminações nervosas que, ao ser esfregado, pode fazer uma mulher ter um orgasmo (que é uma coisa boa).

Vagina: A vagina é a abertura para o sistema reprodutor feminino, de onde saem os bebês. Muitas pesquisas já foram feitas sobre isso, e acredita-se que exista um "ponto G" localizado logo dentro da vagina. Embora a existência desse santo graal do sexo não tenha sido provada, muitas mulheres concordam que ter uma coisa inserida na sua vagina é uma sensação muito agradável.

Ânus: Embora as mulheres não tenham uma próstata dentro da bunda, algumas gostam que enfiem coisas aqui dentro também.

Lábios: O sexo deve sempre começar com um beijo. No início talvez você não vá além de um beijo. Beijar é uma coisa tão íntima quanto o sexo; se você não estiver à vontade para ir além de um beijo, uma boa parceira vai respeitar e esperar.

Pescoço/orelhas: Essas áreas sensíveis adoram ser beijadas e lambidas.

Mamilos: Muitas meninas gostam que brinquem com os mamilos delas – eles são megassensíveis.

Pele: Qualquer parte do seu corpo reagirá a carinhos e beijos.

Fazendo o tal do sexo

Duas mulheres podem dar prazer uma à outra de uma série de jeitos divertidos.

1. Dedos: Muito mais eficiente do que um pênis em diversos aspectos, uma mão pode fazer o trabalho de cinco pênis em um. Quando mulheres gays falam de sexo, geralmente é a isso que se referem. Lésbicas podem estimular o clitóris e a vagina, e levar sua parceira ao orgasmo com os dedos. Às vezes as duas parceiras podem fazer isso ao mesmo tempo.

2. Oral: O clitóris gosta muito de ser lambido e beijado. Meninas podem se revezar para fazer sexo oral uma na outra ou, se estiverem a fim de uma aventura, podem fazer isso ao mesmo tempo.

3. Brinquedos e *strap-ons*: Algumas mulheres gostam, outras não. Muita coisa já se escreveu sobre por que uma mulher gay ia querer brincar com um pênis de mentira, mas eu digo, e daí? – se é gostoso, vai com tudo! Além disso, um homem é mais do que um pênis – só porque uma mulher quer uma coisa com um formato meio fálico, isso não significa que ela curte homens barbudos de ombros largos e sem seios.

Brinquedos, *dildos*, vibradores e *strap-ons* todos servem para a mesma função – uma prótese para inserir na vagina. Como no caso dos meninos, isso não quer dizer que uma das mulheres é "o homem". Duas mulheres fazendo sexo são mesmo duas mulheres, pois é!

NÃO FUI EU QUEM FALOU

É óbvio que eu não sou uma mulher gay e, sendo assim, por que você viria me pedir dicas sobre sexo entre meninas? Bom, faz sentido. Por isso chamei uma especialista – a escritora gay Fi Locke:

Vamos falar de dildos: acho que muita gente assume que, onde não há pênis, cria-se um vácuo sexual desesperado, do qual em última instância deve surgir alguma coisa em formato de pinto para satisfazer uma vagina.

Basicamente, uma mulher tem um monte de buracos, mas você NÃO PRECISA PREENCHER TODOS! Nem mesmo com a língua (pessoalmente, eu não acho isso gostoso) nem com alguma coisa em formato de pênis.

Acho que um bom orgasmo geralmente acontece perto do clitóris – bom, pelo menos para mim e para as minhas mulheres! Se você então quiser dar uma caprichada, não há nada errado em enfiar uns dedos (ou a mão inteira, dependendo de... bom, você sabe), durante uma estimulação do clitóris ou depois dela.

Mas isso é um orgasmo. E por melhor que seja, nem tudo gira em torno dele.

Até hoje só dormi com duas mulheres que gostavam de usar dildos. Eu odeio usar um strap-on. *Só fiz isso uma vez, e NUNCA MAIS! Mas também sou o tipo de pessoa que gosta mais de receber. (Além disso, um* strap-on *dá um trabalhão! Você precisa estar EM FORMA para realmente trepar com uma coisa dessas! E não espere conseguir gozar enquanto está usando isso.)*

Toda essa lenda de "lésbicas butch *adoram* strap-ons*" é uma bobagem. Já ouvi opiniões diferentes de amigas e amantes* *sobre isso, que variam desde concordar com a frase acima até admitir sentirem-se realmente bastante emasculadas por um "pinto de mentira". É totalmente pessoal. Algumas pessoas adoram, outras não.*

Mas voltando aos orgasmos. Adoro uma boa trepada com a mão ou com um dildo – vaginal ou anal –, mas, sinceramente, o principal não é o orgasmo, é o prazer de a mulher fazer isso em mim. E às vezes esse prazer já é suficiente. Não é uma desculpa tímida, tipo "Tudo bem, querida, contanto que você esteja feliz". De fato, nem sempre precisa haver um orgasmo.

Que mais? Bom, às vezes não tem problema pedir uma ajudinha. O jardim de cada mulher tem um mapa diferente, por isso, se sua amante está fazendo errado, ajude-a. Mesmo que isso signifique fazer a coisa por ela uma ou duas vezes. Pode parecer que você só está usando a mão dela para se masturbar, e na verdade é isso mesmo, mas com sorte, depois de um tempo, ela vai perceber onde você está pondo a mão dela.

Já estive com muitas meninas com esse tipo de atitude: "Isto não é sexo hétero, é sexo de lésbicas, e somos mais gentis e respeitosas que eles." Isso é chato. É chatíssimo. Apenas se jogue e nunca tenha vergonha de nada.

Por último, acho que vocês sempre vão ter de se revezar (a não ser que estejam fazendo um 69). Nunca encontrei um jeito eficiente de transar sem revezamento. Só cuidado para não cair num padrão "Beleza, acho que agora sou eu que tenho que te agradar".

Por último, de verdade agora: pensando bem, não acho que o sexo entre meninas seja diferente de nenhum outro tipo de sexo. Se você apenas ouvir o que seu corpo quer, o que te excita, e nunca tiver vergonha de pedir, e se você experimentar sempre que possível, explorar cada canto do seu desejo, mesmo que só faça isso uma vez, então vai aprender o que você adora e o que não quer e, voilà, muito em breve você vai estar fazendo sexo gostoso!

Ah, ok, agora realmente umas considerações finais:

1. Por que sempre colocam "veias" nos dildos? É nojento.

2. Nota para os fabricantes: os vibradores não precisam ter formato de pênis.

3. Alguma coisa enfiada na sua bunda, retirada pouco antes de um orgasmo do clitóris, pode ser uma sensação MARAVILHOSA para algumas pessoas.

4. Lubrificante é ótimo. Não se preocupe com os lençóis, você pode lavar depois. Nunca deixe acabar o lubrificante. Principalmente se for fazer alguma coisa com a sua bunda.

Quem foi que disse que lésbicas não podem fazer sexo? Discordamos totalmente.

DESEMPENHANDO PAPÉIS

Assim como os homens gays, algumas mulheres preferem brincar de ser a pessoa mais dominante, ou "ativa", enquanto outras preferem ser "passivas" – um papel mais receptivo.

NO ENTANTO, vale notar que a ideia dos papéis não é nem um pouco exclusiva de homens e mulheres de orientação gay ou bi. Muitos casais héteros também experimentam com jogos de poder, com uma pessoa sendo mais submissa à outra. Os gays não inventaram esse conceito. Basta ver toda essa baboseira de *Cinquenta tons de cinza*.

Para algumas pessoas gays, a ideia de ser "*top* ou *bottom*" ou "ativo ou passivo" é parte importante da satisfação sexual.

"Se for para uma trepada rápida no Grindr etc., então sim [os papéis importam]. Não uso esse tipo de aplicativo para bater papo ou fazer amigos. É sempre melhor fazer sexo com alguém compatível com você nesse aspecto, porém. Bater punheta é uma coisa que faço sozinho, portanto não sou muito a fim de ficar só nisso com um parceiro."

Jonny, Londres.

"Eles [os papéis] de fato importaram para mim por um tempo. Passei alguns anos experimentando com submissão e dominação. Eu tinha uma parceira que era estritamente dominadora e jogava comigo tanto no quarto quanto em público. Tipo, nós estávamos num restaurante e eu só podia comer com a mão esquerda, por exemplo, a não ser que ela dissesse o contrário. Ou algumas vezes a gente ia no Klub Fuk e ela me chicoteava na frente de todo mundo, coisas assim. Isso é bem divertido por um tempo, mas agora sou um pouco mais velha e começou a parecer meio bobo ou entediante recentemente."

Fi, 29, Madri, Espanha.

"[Os papéis] não deveriam importar, mas as pessoas têm naturezas diferentes. Algumas veem certos atos sexuais como preferências ou como necessidades. Se uma pessoa só consegue se excitar sendo dominada, então é bom ser aberta a esse respeito para encontrar alguém que possa satisfazer essa necessidade."

Stuart, 33, Reino Unido.

SEXO TRANS

A vida sexual de uma pessoa trans pode ser um pouco mais complicada do que a da maioria, mas não precisa ser assim. **Há uma única coisa importante para lembrar – as pessoas não se apaixonam por órgãos genitais.**

Já que a maioria das pessoas transexuais que vivem em seu gênero preferido é bastante direta a esse respeito, seja ao conhecer pessoas ao vivo ou na internet, as duas partes entram no relacionamento sabendo muito bem quais são as partes íntimas que a outra pessoa possui; portanto, essa não é uma questão. Algumas pessoas ativamente procuram pessoas trans como parceiras – tanto pré- quanto pós-operação.

Algumas pessoas trans podem optar pela cirurgia genital, enquanto outras preferem não fazê-la. Portanto isso obviamente vai afetar a vida sexual da pessoa.

O mesmo vasto leque de atividades sexuais está disponível para pessoas trans, assim como pessoas cis, gays e héteros. É tudo questão de acertar o buraco (brincadeira!), e todo lugar é gostoso.

Sexo entre mulheres é muito diferente de sexo heterossexual. Não há um objetivo pré-combinado de ejaculação e orgasmo. Por isso acho que namorar mulheres, sendo mulher, é mais fácil nesse sentido - o sexo é um pouco mais casual. Onde ao menos começa a linha que separa o sexo de um beijo ou mesmo de uma conversa? Nós da comunidade que tem taras estamos cientes de que há infinitos jeitos de as pessoas "fazerem sexo" e atingirem satisfação sem se encostar, e sem orgasmo. Por isso é uma questão muito discutível.

No entanto, acho que isso se aplica à experiência *lésbica* mais do que à experiência da mulher transgênero. A sua milhagem pode variar.

Também existe a fetichização das mulheres trans (particularmente). Se você olhar os anúncios pessoais na Craigslist, vai ver diversas seções, w4m, m4w, w4w, e assim por diante. Mas também tem t4m e m4t[3]. O problema disso é que existem homens por aí que, imagino, têm curiosidade sobre sexo com homens e portanto procuram mulheres (o que parece seguro e normal para eles) que têm pênis (o que satisfaz sua curiosidade sobre sexo com homens). Mas eu não sou um homem. E meu "perfil de reação" sexual é muito diferente do perfil de um homem. Esse tecido com que os homens estão acostumados não funciona do mesmo jeito numa mulher trans. Minha reação emocional é diferente. Por isso, estes sites pessoais e de namoros voltados para pessoas "trans" (incluindo *cross-dressers* e *drag queens*, pessoas pós-operação, pré-operação e sem operação etc.) são quase inteiramente baseados em fetiches. O que eu não quero. Quero ser tratada como mulher.

Jane, Washington, EUA.

Mas, sério mesmo, quem quer que você seja, qualquer que seja o gênero com o qual você se identifica e quais sejam os rótulos que você usa, há duas regras para um bom sexo:

1. Faça o que é gostoso.

2. Comunique-se com a outra pessoa. (Senão, como você vai descobrir o que é gostoso para ela, e como ela vai saber o que é gostoso para você?)

---

3. Siglas em inglês para o que a pessoa está procurando ou desejando sexualmente: w4m = mulher procura homem; m4w = homem procura mulher; w4w = mulher procura mulher; t4m = trans procura homem; m4t = homem procura trans. (N. do R.)

Por que os homens gays são tão "piranhas"?

Bom, primeiro de tudo, não gosto da palavra "piranha", que é muito sexista. Por isso vamos reformular a pergunta com a palavra apropriada, "PROMÍSCUOS", que basicamente significa "faz sexo com diversas pessoas". Em segundo lugar, qualquer pessoa que sugere que todos os homens gays são promíscuos é um homófobo desvairado.

NO ENTANTO, acontece que muitos estereótipos têm um fundo de verdade escondido no meio de um monte de baboseiras. Nesse caso, tanto minha própria pesquisa quanto a de outras pessoas sugerem que os homens gays de fato parecem inclinados à promiscuidade. Na minha pesquisa, APENAS os homens gays disseram ter tido mais de vinte parceiros na vida, e vários afirmaram que já fizeram sexo com mais de cem.

Isso não pretende ser chocante. É apenas um fato. Lembre-se, em geral jovens gays são educados com VALORES HETERONORMATIVOS, o que corresponde aos valores das pessoas héteros, que são maioria.

Até muito recentemente, casais do mesmo sexo nem mesmo podiam se casar, portanto É CLARO que as pessoas LGBTQIA+ nem sempre seguiram as mesmas regras que seus irmãos e irmãs heterossexuais. A cena gay tem suas próprias normas, e uma delas, parece, é a promiscuidade.

Algumas teorias sobre a promiscuidade dos homens gay:

> 1. MENINOS SÃO MENINOS: Nós (todos nós, incluindo as mulheres) sentimos esse TESÃO LOUCO por causa da TESTOSTERONA – um hormônio. Os homens produzem uma quantidade maior desse hormônio do que as mulheres. É um fato. De uma perspectiva evolutiva, um homem

poderia gerar cerca de cinquenta bebês no tempo que uma mulher leva para gerar um. Acredita-se que a monogamia (ter um único parceiro sexual) venha de nossa necessidade pré-histórica de ter um macho caçador-coletor à disposição para ajudar a sustentar as crianças que nascem de uma mulher. Basicamente, o único motivo por que os homens héteros não estão fazendo tanto sexo quanto os gays é porque as namoradas iriam abandoná-los sem pensar duas vezes.

Essa teoria é mais ou menos sustentada por pesquisas que sugerem que os homens tendem a ser mais infiéis do que as mulheres.

Bom, imagine que as mulheres são retiradas da equação – homens gays podem fazer quanto sexo quiserem, sem o risco de engravidar.

Isso não é desculpa para um mau comportamento. Seres humanos evoluíram para além de simplesmente reagir às substâncias químicas de seu corpo, e não somos governados por elas. Nenhum homem, gay ou hétero, TEM de ser promíscuo ou um infiel mascarado.

2. COMPORTAMENTOS NORMALIZADOS: A promiscuidade é talvez mais associada com as maiores "cenas gay" – cidades onde tendem a viver muitos homens gays. Dentro das subculturas gays, os homens apoiam a promiscuidade e não a julgam; portanto, ela torna-se uma norma social. Novamente, isso não é desculpa para um mau comportamento, como trair um parceiro ou ficar transando por aí sem camisinha.

3. MISOGINIA: Anos de bobagens sexistas consolidaram a ideia de que os homens promíscuos são super-heróis e as mulheres promíscuas devem ser arrastadas pela praça da vila amarradas na traseira de uma carroça vestidas como Moll

Flanders (procure na internet). Os homens, sejam gay ou hétero, não são sujeitos ao mesmo "envergonhamento" que as mulheres, embora eu acredite que isso está mudando – todo mundo vê a ideia de ficar dormindo com qualquer pessoa como algo meio cafona, até mesmo homens gay que estão fazendo isso, paradoxalmente.

Também me pergunto por que, se os homens hétero parecem cachorros quando maltratam mulheres, os homens gay são vistos (equivocadamente) como "durões" e podem tratar os outros tão mal quanto quiserem. As mulheres tendem a censurar homens héteros promíscuos, mas muitas vezes não julgam a promiscuidade dos gays.

O terapeuta americano Alan Downs fala muito de promiscuidade em seu livro *The Velvet Rage* [A fúria de veludo], que você pode ler se falar inglês e tiver interesse por esse tipo de coisa. Ele escreve só sobre homens gays, mas acredita que (alguns) homens gays agem desse jeito por causa de uma homofobia internalizada, que ele chama de "vergonha".

Sentir que somos estranhos e errados (o que remete aos rótulos de "diferente" e "não normal"), diz ele, nos levou a acreditar que não podemos ser amados. Portanto manifestamos isso de diversas maneiras, sendo uma delas o sexo casual com diversos parceiros. Ele acredita que estamos buscando validação externa através da aceitação física por parceiros sexuais. Médicos e enfermeiros em clínicas de saúde sexual provavelmente concordariam que as atitudes de ALGUNS homens gays em relação ao sexo não são saudáveis. Qualquer que seja o motivo, os homens gays são mais predispostos a problemas com vícios, incluindo o "vício em sexo", porém não TODOS os homens gays.

Não tenho tanta certeza quanto Alan Downs. Não há nada de errado em ter vários parceiros sexuais. OOOH – QUEIMEM O HEREGE! Eu sei, né? Se todos os parceiros são **honestos,**

abertos e seguros em relação a suas escolhas de estilo de vida, não faz diferença quantos parceiros você tem – mas não vá colher flores no jardim do vizinho, camarada! Ninguém gosta de uma ave de rapina que sai por aí roubando namorados!

É tudo uma questão de ESCOLHAS, e acredito que qualquer pessoa deveria poder viver do jeito que quer, contanto que não *machuque outras pessoas* NEM A SI MESMA nesse processo. Você pode escolher ser promíscuo ou escolher não ser. Mesmo que as pessoas com quem você anda tenham vários parceiros, mesmo que você tenha um tesão descontrolado, mesmo que você receba um monte de ofertas... a ESCOLHA é sempre sua.

MAS VOCÊ SEMPRE DEVE PRATICAR SEXO SEGURO.

E agora vem a má notícia. Quanto mais parceiros sexuais você tiver, maiores as chances de pegar uma DST. Há diversas doenças desse tipo, algumas piores que as outras; a maioria pode ser tratada, e todas podem ser evitadas.

Uma pequena boa notícia: estatisticamente, as mulheres gay têm baixo risco de DSTs, desde que tomem o cuidado de sempre limpar seus brinquedos (e dá para pôr camisinhas neles também).

Porém, infecções transmitidas pelo sangue podem teoricamente ser passadas por sangramentos nas gengivas ou cortes nos dedos. **Ninguém nunca está imune aos riscos** (uma coisa para pensar antes de trair um parceiro).

Outra má notícia: estatisticamente, os homens gay estão numa categoria de alto risco. Isso se deve principalmente à promiscuidade na cena gay. Ei! A culpa não é minha! Vale lembrar mais uma vez que, quanto mais parceiros você tem, maiores as chances de pegar uma DST.

Prepare-se para sentir coceiras psicossomáticas de alta
intensidade! Vamos dar uma olhada em algumas DSTs comuns:

1. **Herpes genital:** Feridas feias, que doem e coçam, no
pênis, na vagina, na boca ou no ânus. Basicamente, uma
ferida aberta no pinto ou na pererreca. Não
pode ser curada (a pessoa carrega uma
versão dormente do vírus para o
resto da vida), mas pode ser
tratada. Uma vez infectadas, as
vítimas podem vir a ter outros
episódios de coceira ou dor.

2. **Gonorreia:**
Embora essa infecção
nem sempre seja
sintomática, o sinal mais
forte é uma queimação na
hora de fazer xixi. Algumas
pessoas também podem
soltar do pênis ou da
vagina uma linda meleca
parecida com pus. Sendo
uma infecção bacteriana,
ela pode ser tratada com
antibióticos, embora os médicos estejam ficando cada
vez mais preocupados com a resistência dessa infecção
ao tratamento.

3. **Verrugas genitais:** Verrugas genitais são causadas por um
vírus chamado HPV, que está presente em cerca de 30% de
todas as pessoas sexualmente ativas. É altamente
contagioso, mas, das pessoas que têm esse vírus, só cerca de
3% terão uma verruga no pênis, na vagina ou no ânus.
Verrugas visíveis podem ser tratadas com um creme para
remoção de verrugas, crioterapia (congelar as verrugas),

excisão (cortá-las fora – ai!) ou terapia elétrica ou a laser (queimá-las). Como se esses métodos já não fossem agradáveis o bastante, o vírus continua ali para sempre, e uma recorrência é possível.

4. **Sífilis:** Úlceras grandes, que não coçam nem doem, nos órgãos genitais ou no ânus são o primeiro sinal da sífilis. Precisa ser tratada rapidamente com antibióticos, ou pode provocar efeitos secundários. Se não for tratada, pode afetar o cérebro, levando à morte. Encantadora.

5. **Chato:** Este nome já diz tudo. Não é um problema terrível, mas é chatíssimo. "Chatos" é como se chamam os "piolhos pubianos" – que também curtem cabelos, só que os lá de baixo. Dá para ver esses bichinhos, e eles coçam pra caramba. Podem ser tratados com uma loção, mas pode dar um trabalhão se livrar deles. Além da coceira, o chato tem o efeito colateral constrangedor de que você tem de contar aos seus pais, porque os piolhos podem viver em roupas, lençóis e toalhas. Portanto, os itens afetados precisam ser fervidos para evitar que você acabe passando chato para a sua mãe.

6. **Clamídia:** Em cerca de 50% dos casos, você talvez sinta uma queimação ou solte uma melequinha quando faz xixi. Ou talvez você tenha clamídia e nunca saiba porque não tem nenhum sintoma. As consequências para mulheres são muito mais sérias, pois as bactérias podem levar a graves problemas reprodutivos. (Vale notar que a clamídia pode levar à esterilidade nos homens também.) Em 2012, 206.912 pessoas foram tratadas por terem clamídia no Reino Unido, fazendo com que seja de longe a DST mais comum no país. E isso são só pessoas tratadas.

7. **Hepatite B e C:** Existe um alfabeto inteiro de vírus de hepatite rondando por aí, mas estas são as que mais comumente são transmitidas via sexo. São infecções do fígado, às vezes muito graves. Pode-se tomar vacina contra a hepatite B (ainda não há vacina contra a hepatite C).

HIV/AIDS

Esta merece sua própria seção porque é especialmente importante para homens gay e bi, que (no mundo ocidental) são o **maior grupo de risco** dessa infecção. Mulheres, saibam que o HIV pode ser transmitido via sexo oral, mas vocês não estão num grupo de alto risco, falando estatisticamente.

Para a minha geração, ser gay e morrer de AIDS eram coisas cruelmente interligadas. Jovens gays nos anos 1980 e 1990 tinham medo de sair do armário pelo mesmo motivo, como dissemos antes.

Os novos casos de HIV estão aumentando. Como isso pode acontecer, quando TODOS sabemos usar camisinhas, principalmente ao fazer sexo anal? Dois motivos: primeiro, as campanhas advertindo as pessoas sobre o HIV e a AIDS aterrorizaram uma geração. Uma vez que a mensagem pareceu ter sido transmitida, algumas agências nacionais de saúde mudaram de prioridades – pessoas heterossexuais têm um risco muito mais alto de pegar clamídia, por exemplo. Isso significa que a educação sobre o HIV é mais fraca do que era antigamente. O segundo motivo é que avanços triunfantes no tratamento do HIV indicam que as pessoas podem viver com o vírus por muito mais tempo (o que é ótimo, obviamente – ninguém gosta de morrer) e portanto são contagiosas por mais tempo, entrando em contato com mais parceiros sexuais.

Isso significa que precisamos mudar a maneira de ver o HIV (relativamente poucas pessoas chegam a ter AIDS hoje em dia caso sejam tratadas).

O que é o HIV?

HIV (vírus da imunodeficiência humana) é um vírus *hardcore* que ataca o sistema imunológico do hospedeiro, tornando muito difícil o corpo se defender de doenças. A AIDS (síndrome da imunodeficiência adquirida) NÃO É uma coisa que você "pega", mas refere-se à doença que uma pessoa com HIV talvez desenvolva como resultado de sua condição.

Como se pega HIV?

Você pode pegar HIV entrando em contato com o sangue ou o sêmen de uma pessoa que já seja HIV-positiva. De longe, o jeito mais comum de isso acontecer é através de sexo anal sem proteção (camisinha).

É possível pegar HIV através de sexo oral?

Sim, embora o risco seja muito, muito menor do que com sexo anal. É possível porque as pessoas podem ter sangramentos nas gengivas, tornando-as vulneráveis ao vírus através do esperma ou pré-esperma do parceiro. Pegar HIV por sexo oral é uma coisa raríssima. Mas pode acontecer, portanto cuidado!

Existe cura para o HIV?

Não há cura para o HIV. Muitas pessoas HIV-positivas estão sob tratamento para manter o melhor nível de saúde possível.

Quão comum é o HIV?

Cerca de 100 mil pessoas no Reino Unido são HIV-positivas, mas – aqui vem a parte assustadora – um quarto dessas pessoas NÃO SABE porque não está se testando regularmente.

Em relação aos gays, acredita-se que cerca de um em cada vinte homens gays ou bissexuais seja positivo, com esse número aumentando para um em cada dez em cidades grandes com grandes cenas gays, como Londres e Nova York.

Em 2018, o número de novos casos começou a diminuir, em parte graças à introdução do PrEP (profilaxia pré-exposição ao HIV).

O que é "carga viral"?

O termo "carga viral" refere-se a quanto HIV existe no sangue de uma pessoa em dado momento. Com o tratamento certo, a maioria dos portadores pode baixar sua carga viral até um nível "indetectável", o que significa que eles têm muito menos chance de passar o vírus para um parceiro sexual.

A carga viral de uma pessoa atinge seu ponto mais alto imediatamente depois da contaminação e antes de o tratamento ser iniciado. É nesse momento que a pessoa fica mais infectante.

O que é "PEP"?

"PEP" é a sigla em inglês para **profilaxia pós-exposição**. Se uma pessoa é exposta ao HIV, pode ser tratada com PEP até setenta e duas (mas de preferência dentro de vinte e quatro) horas após a exposição. O PEP, porém, NÃO substitui uma camisinha, e pode ter efeitos colaterais muito desagradáveis. No entanto, se tomado corretamente ao longo de um mês, o PEP pode deter a infecção por HIV. O tratamento pode ser obtido em órgãos de saúde ou clínicas particulares, onde se avalia o seu nível de risco.

O que eu posso fazer?

O HIV é um problema de todos. O vírus não discrimina entre velhos e jovens, negros ou brancos, ativos ou passivos, gays ou héteros. Todo mundo tende a achar que "não vai acontecer comigo"... até que acontece. "Se você não está tomando PrEP, precisa usar camisinha."

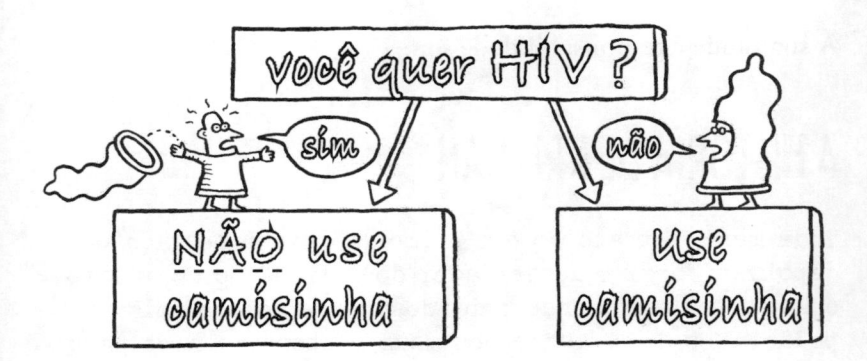

Você talvez pense que isso é simplista, mas é verdade. O melhor jeito de garantir que você não pegue o HIV é sempre usar camisinha quando fizer sexo anal. (Isto também vale para todas as outras DSTs divertidas que mencionei.) Estou sentindo alguém revirando os olhos...

"Atores pornôs nunca usam camisinha" – Pois é, mas eles se testam todo mês. Mesmo assim, um recente surto de HIV causou uma pane na indústria pornô, depois que uma série de atores foi infectada.

"É mais gostoso sem camisinha" – Ok, tem razão, mas você pode pegar HIV. O que não é gostoso.

"Ele diz que é HIV-negativo" – Ele não pode ter certeza. Mesmo que tenha feito um teste de HIV naquele próprio dia, isso é apenas uma indicação do estado de saúde dele nas últimas **seis semanas**, pois é esse tempo que demora para o vírus aparecer no sangue.

Além de sempre usar camisinha, é uma boa ideia fazer um teste de HIV mais ou menos a cada seis meses se você é sexualmente ativo. Por quê? Como eu disse antes, seu período mais infectante são os primeiros dias. Descobrir logo no início significa menor probabilidade de transmitir o vírus, e você pode começar o tratamento mais rápido, o que também é melhor.

A sua saúde é responsabilidade sua.

A HISTÓRIA DE KRISTIAN

Toda manhã eu acordo e a primeira coisa que faço, depois de jogar o despertador do outro lado do quarto, é ir ao banheiro, onde cuidadosamente coloco dois pedacinhos de plástico nos meus globos oculares para poder enxergar direito.

Sim, eu sou míope. Chocante, né? Tipo, você não saberia disso se eu não te contasse. Pois é, eu realmente não consigo enxergar minha própria mão na frente do rosto sem minhas lentes de contato.

Ser míope não é culpa minha; é só uma coisa que me aconteceu.

E uma hora depois, antes de sair para o trabalho, eu ponho quatro comprimidos na mão e engulo com um copo de leite. Para ajudar o meu sistema imunológico a lidar com os efeitos do vírus HIV.

Portanto, existem duas coisas que você não adivinharia só de olhar para mim.

Apesar do que você talvez tenha ouvido falar, o HIV não é mais o vírus assassino de antigamente. Desculpa, decepcionar alguém que está achando que eu sou como o Tom Hanks no final do filme *Filadélfia*, mas na verdade eu tenho uma aparência bem normal. Alguns até diriam que sou musculoso – se bem que a minha paixão por biscoitos tende a impossibilitar qualquer coisa parecida com o abdomen tanquinho que eu tinha com uns vinte e poucos anos. Ser HIV-positivo não é uma coisa "dramática" diariamente. Porém tive uns doze anos para me acostumar com a ideia. Não vou chatear você com os detalhes de como peguei o vírus. Fiz sexo, não pensei nas consequências. Achei que eu era invencível. Não era. Eu transava com todo o mundo? Não. Eu era um idiota? Categoricamente sim. Lembro de quando recebi o diagnóstico, aos 22 anos de idade. Queria poder dizer que fiquei furioso, chocado, atordoado, arrasado, histérico, qualquer coisa. Não fiquei. Só me senti como um clichê. Outra maldita estatística. E a troco de quê? Meia hora de sexo selvagem sem camisinha? Eu ali sentado na clínica. Tudo parecia tão... sem sentido.

Avance o filme para doze anos depois, e minha vida é bem calma e mundana. Quer dizer, agora, as maiores fontes de estresse na minha vida são lidar com a minha insônia crônica e descobrir um percurso para o trabalho que não me faça passar uma hora e meia sentado no carro na rodovia M25. Deixe-me esclarecer uma coisa, no entanto: o HIV com certeza NÃO é nada agradável. É difícil às vezes. Estou há três anos num relacionamento monogâmico com um homem HIV-negativo. Foi preciso uma boa dose de reflexão da minha parte antes de eu realmente tomar coragem e me comprometer com ele. Sabe como é, quando você ama alguém, quer proteger essa pessoa, e expô-la a um vírus sem cura só para poder ter um bom orgasmo exige uma mente forte e um relacionamento mais forte ainda. Nós damos um jeito. Gastamos uma grana feia em camisinhas.

Os medicamentos modernos são excelentes. Sofro um pouco com os efeitos colaterais, insônia sendo um deles (ver acima), e diarreia outro, mas é uma coisa com a qual aprendi a conviver. Como ser manco de uma perna. Quando era solteiro, eu sempre era sincero com os caras. Concluí que, se o fato de eu ser HIV--positivo era um problema para eles, isso dizia muito mais sobre eles do que sobre mim. Eu lia perfis em sites de encontros dizendo "Só limpos" e "HIV-negativo – você tem de ser também" e só o que eu via era medo e ignorância. Pois é, fazer sexo com um cara positivo não é uma sentença de morte. Na verdade, se ele te conta que é positivo, é muito mais provável que ele seja consciente de sua saúde, esteja tomando remédios e portanto tenha níveis indetectáveis do vírus no sistema. Resumindo: ele é bem pouco infectante. E, quando você leva em conta que mais de um quarto das pessoas com HIV não sabe que têm o vírus, é fácil calcular o resultado. Não tomar remédios significa quantidades incontroláveis de HIV e um parceiro sexual bastante infectante.

Se você perguntar para o meu namorado, ele preferiria estar num relacionamento com alguém como eu, que está com o HIV sob controle, a sair da balada todo sábado com algum cara aleatório que talvez não saiba, ou talvez não se importe. Como eu disse para muitos que me recusaram no Gaydar e no Grindr nos meus anos de solteiro: "Eu não sou a primeira pessoa HIV-positiva com quem você dormiria na vida; só sou a primeira que foi legal o bastante de te contar."

Eu voltaria e agiria diferente se tivesse a chance? Talvez. Gostaria de poder me livrar do vírus e preservar tudo o que aprendi com ele. Pois é, isso meio que fez de mim a pessoa que eu sou hoje, e esse cara não é nada ruim. Viver com o HIV me ensinou responsabilidade, me ensinou compaixão. Fez de mim uma pessoa muito menos egoísta.

Aos 22 ou 23 anos de idade – não sei direito quando foi – eu estava desperdiçando minha vida. Estava fugindo da realidade numa mistura de álcool, drogas, baladas e sexo. Quando o médico falou as palavras "Kristian, infelizmente seu teste deu positivo", meu mundo mudou para sempre.

Viver com o HIV me fez crescer. Depois que consegui processar o abalo emocional, percebi que não ia morrer. Além disso, percebi que eu queria viver. Eu queria ajudar outras pessoas como eu. E de repente minha vida tinha um propósito. Parece piegas? Pegue uma doença sem cura e veja se isso também não te dá uma epifania.

Hoje em dia tenho uma carreira, um relacionamento e um futuro. Trabalho muito para combater estigmas e conscientizar pessoas sobre questões referentes ao HIV. Atualmente tenho orgulho de olhar as pessoas nos olhos e dizer a elas quem eu sou e o que o HIV fez de mim. Tenho satisfação em ajudar pessoas recém-diagnosticadas ou as que estão lutando com o vírus. Sinto orgulho quando vejo tudo o que atingi. Um amigo hétero me mandou uma mensagem outro dia para dizer que estava participando de experimentos com vacinas humanas. Ele fez isso porque minha história o fizera abrir os olhos. Tenho orgulho disso. Tenho orgulho de ter inspirado pessoas.

O HIV não é uma sentença de morte. Como eu disse, minha vida é bastante normal e – contanto que nenhum ônibus desgovernado passe por cima de mim – imagino que vou ter uma vida relativamente longa. Não vou mentir e dizer que lidar com o HIV é uma brincadeira alegre e divertida, mas em diversos aspectos isso tornou minha vida muito mais rica. Realmente espero que um dia possamos encontrar uma cura. Mas, enquanto isso, eu quero mesmo é encontrar esse caminho mais rápido para o trabalho...

O MELHOR JEITO DE SE PROTEGER CONTRA TODAS AS DSTs É USAR CAMISINHA TODA VEZ QUE VOCÊ FAZ SEXO.

No sexo oral, algumas pessoas também usam camisinhas ou diques de borracha (como os usados em tratamentos dentários).

Saunas e *sex parties*

Como este é um guia para TUDO o que existe no mundo dos gays, seria errado eu não mencionar as coisas que vários livros deixam passar batido. Em grandes cidades no mundo inteiro, há lugares que atendem à aparente obsessão dos homens gays por sexo.

Saunas, ou "casas de banho", existem espalhadas em muitas cidades, e são perfeitamente permitidas por lei na maioria dos países. As pessoas (muitas saunas têm noites de lésbicas) pagam para entrar, suar um pouquinho na sauna e fazer um sexozinho espontâneo.

Novamente, isso não é problema, desde que seja **seguro**.

Dito isso, NUNCA JAMAIS ouvi NINGUÉM dizer: "Este é o meu marido. A gente se conheceu na Labirinttu's e foi AMOR VERDADEIRO." As saunas são consideradas lugares meio suspeitos, e muitas vezes as pessoas frequentam esses lugares em segredo. Também é verdade que as clínicas de saúde sexual em vários casos têm de tratar pessoas que foram a saunas e saíram com algo mais que uma pele saudável e brilhante...

O advento do aplicativo de sexo também eliminou a necessidade de ter de pagar a entrada. Nas grandes cidades, muitas vezes as pessoas usam os aplicativos para convidar uma galera para uma "festa" ou um *"chillout"*. São códigos que querem dizer uma orgia, simples assim. Muitas vezes há drogas envolvidas (o que é meio besta porque nada faz um pau murchar mais do que um monte de drogas – portanto, os caras também têm de carregar na dose de Viagra. Que coisa EXAUSTIVA). ALGUMAS fontes sugerem que essas festas são parcialmente culpadas pelo aumento acentuado dos casos de HIV, sífilis e hepatite na cena gay. Caramba, lembra da época em que uma "festa" só tinha gelatina, sorvete e cachorro-quente? Ai, que saudade. Vamos voltar a esse tempo. É evidente que ir até a casa de algum cara aleatório com um monte de caras que você não conhece é um lance meio duvidoso no quesito segurança. E, pelo amor de Deus, use uma camisinha. Use duas.

SEXO E AMOR

Pessoas homossexuais amam fazer muito sexo, mas também amamos muito amor. Todo dia, no mundo inteiro, você encontrará homens e mulheres gays profunda, TOTALMENTE apaixonados, e essas pessoas têm algo melhor do que apenas sexo. Elas têm intimidade, afeto, paixão e AMOR – a NECESSIDADE de estar com seu parceiro. Portanto:

SEXO ≠ AMOR

Você pode transar com o mundo inteiro, mas o verdadeiro buraco é mais embaixo (ou em cima). Acho que todos nós queremos ser amados.

Este capítulo inteiro foi sobre sexo, não sobre intimidade. Não há como encontrar intimidade instantânea num *dark room* ou no Grindr. Mais valioso do que uma trepada é andar de mãos dadas, dar beijos e abraços. Tenho certeza de que alguns de vocês estão enfiando o dedo na goela como se quisessem vomitar, mas É VERDADE. Várias pessoas LGBTQIA+ nem mesmo fazem sexo, mas podem se identificar totalmente como gay, bi ou hétero dependendo da pessoa com quem elas buscam intimidade, as pessoas que elas AMAM. Aproveite o sexo, sem dúvida alguma, mas, se você sair procurando sexo porque tem fome de amor, vai continuar de barriga vazia.

CAPÍTULO 10
ACASALAMENTO

Pergunta: O que uma lésbica leva no segundo encontro?

Resposta: O caminhão de mudança.

Esse é um dos estereótipos mais antigos que circulam por aí. Talvez sem os homens para estragar as coisas, as mulheres são naturalmente bem melhores em lidar com compromissos. De qualquer modo, estereotipicamente, acredita-se que as mulheres gays pulam para a fase de coabitação aconchegante em velocidade recorde.

É claro que esse estereótipo, assim como qualquer outro, tem um fundinho de verdade. Brincadeiras à parte, muitas mulheres e homens LGBTQIA+ de fato escolhem se comprometer em relacionamentos monogâmicos. Isso talvez seja algo que você gostaria que acontecesse agora ou só daqui a vários anos, mas, como quer que se identifique, você tem muitas escolhas sobre o seu futuro.

Essa decisão na verdade abre uma caixa de Pandora com questões de normas, natureza e cultura. Algumas perguntas a se considerar:

Por que buscamos compromissos?

Como fazer o amor durar?

Os casais gays reproduzem as normas dos casais héteros?

SOMOS BIOLOGICAMENTE PROGRAMADOS PARA A MONOGAMIA OU PARA A PROMISCUIDADE?

Casar para quê?

Embora muito poucos mamíferos no mundo natural formem pares monogâmicos com compromisso, os humanos de fato parecem programados para isso. Até as pessoas solteiras mais ferrenhas acabam se assentando no final. Há muitíssimos benefícios de estar num relacionamento:

- **Amor** – Às vezes a ideia de estar sem alguém é simplesmente insuportável. Estar amando é como ter um supermega melhor amigo. Só cuide para não deixar que uma única pessoa vire seu mundo inteiro – isso nunca é saudável.

- **Companheirismo** – A vida é longa e solitária quando você faz tudo sozinho. A independência é vital, mas a companhia também. Mais cedo ou mais tarde, seus amigos talvez se assentem, e você vai ficar com quem?

- **Conforto** – Pois é, sair para catar alguém é uma coisa ótima, mas um passeio agradável no parque e ler o jornal na cama numa manhã de domingo também são.

- **Sexo** – Encontrar novos parceiros sexuais é emocionante, mas ter uma pessoa que sabe o que está fazendo é melhor que isso. Além do mais, a monogamia é muito menos arriscada em termos de saúde, obviamente.

- **Segurança** – Algumas pessoas simplesmente se sentem mais felizes e mais calmas quando sabem que existe alguém especial na vida delas – alguém que sabe o que você sempre pede no Starbucks sem precisar perguntar.

- **Finanças** – Pensando friamente, o sistema é feito para beneficiar casais de todas as orientações. Combinar rendas sempre faz sentido na prática.

No entanto, todas essas coisas juntas não significam nada se você está com a pessoa errada.

NÃO ESTAR NUM RELACIONAMENTO É MELHOR DO QUE ESTAR NO RELACIONAMENTO ERRADO.

Sempre.

Infelizmente nem tudo são abraços e cafunés. Relacionamentos homossexuais estão sujeitos às mesmas armadilhas que os relacionamentos héteros – traição, mentiras, ciúme, maus-tratos, chantagem emocional, picuinhas, comportamento controlador. O que sempre me surpreendeu é como as pessoas toleram essas coisas só porque têm medo de ficar sozinhas ou preguiça de ter de enfrentar um bar gay ou o Grindr.

UMA NOVIDADE: ESSAS NÃO SÃO AS ÚNICAS DUAS OPÇÕES.

Já falamos sobre como você pode conhecer pessoas e aonde pode ir em encontros, mas como você converte esses encontros em algo mais a longo prazo? Estamos falando de FIRMAR COMPROMISSO.

Esse é o ponto em que você muda o seu status de relacionamento no Facebook, conta à sua mãe, deleta o Grindr etc. Estamos falando de estar namorando alguém DE VERDADE.

Firmar compromisso é um ponto crítico num novo relacionamento – chamo isso de momento "ou vai ou racha". Basicamente, você tem de decidir se a pessoa com quem está faz valer a pena desistir da possível Angelina Jolie ou do Ryan Gosling que está te esperando na próxima esquina. Como você sabe?

Bom, é para isso que você vai a encontros. Pessoas que tentam te apressar para entrar num compromisso precisam sossegar o facho. Se você está se retirando do mercado, então, como se fosse comprar uma casa, precisa inspecionar muito bem toda a estrutura antes da compra.

Principalmente na cena gay, vivendo no meio de um fluxo constante de peitos, pintos e xoxotas, é difícil se contentar com uma pessoa só, mas lembre-se – se a pessoa com quem você está é simpática, divertida, leal, generosa e carinhosa, essas são coisas que você não vai encontrar num par de braços musculosos no Grindr ou numa bundinha bonita num bar.

PROMISCUIDADE *VS.* MONOGAMIA

Ambas as posições têm prós e contras:

PRÓ-MONOGAMIA	CONTRA MONOGAMIA
Intimidade	Falta de variedade
Conforto	Deixar de ter experiências
Segurança	
	Rotina

PRÓ-PROMISCUIDADE	CONTRA PROMISCUIDADE
Variedade	Solidão
Liberdade	Sentar na mesa das pessoas estranhas nos casamentos
Espontaneidade	
	Herpes

Alguns casais, no entanto, decidiram fazer a omelete sem quebrar os ovos. Estamos falando de relacionamentos abertos. Um estudo com seiscentos casais de homens gays em 2010 descobriu que cerca de 50% estavam num **relacionamento aberto**, portanto isso não é nada incomum na cena gay.

Um relacionamento aberto é aquele que tem uma portinha lateral permitindo que outras pessoas entrem e saiam do quarto. Às vezes isso significa fazer sexo a três (ou mais de três) com outras pessoas, ou que ambos os parceiros podem brincar fora de casa. Toda a intimidade com o seu parceiro, toda a variedade com outras pessoas.

Perfeito, certo? Melhor que bolo! Maria Antonieta aprovaria. (Aliás, muita gente acha que a dona Antonieta jogava no time Bi.) Você talvez se pergunte por que todo mundo não faz isso.

Há um argumento muito forte sugerindo que a monogamia é um construto social ou religioso – lembre-se que eu disse que a maioria dos mamíferos NÃO forma casais para a vida inteira, e é quase possível rastrear o aumento da monogamia ao redor do globo com os missionários cristãos (a mesma rota, aliás, que eles fizeram para dizer às pessoas que a atividade homossexual era errada).

Pensa-se que a monogamia é o melhor jeito de fornecer um lar estável para crianças, embora essa seja uma perspectiva terrivelmente antiquada num mundo com um índice tão grande de divórcios.

Então por que UMA PESSOA ia querer ser monogâmica?

Primeiro, porque é o IDEAL. Nós não crescemos ouvindo a parte da história depois do casamento, quando o Príncipe Encantado diz à Cinderela que quer ficar com outras pessoas.

Sem dúvida, para casais gays com família, dá para ver por que certo grau de estabilidade é melhor. Por último, como eu disse antes, acho que nunca é inteiramente possível manter as emoções fora do quarto onde você transa...

Pelo menos parte do motivo parece ter a ver com controle. É simplesmente meio AFLITIVO pensar na pessoa amada enfiando as partes íntimas dela no rosto de outra pessoa. Apenas pensar nisso já basta para fazer a maioria dos casais desistir da ideia:

"[Meu namorado e eu descartamos a possibilidade de fazer sexo com outras pessoas] porque nosso relacionamento era instável e novo demais. Nós dois estávamos sentindo ciúme e desconfiança a troco de nada. Nenhum de nós gosta da ideia de o outro fazer coisas [com outros homens], embora ambos sentíssemos que deveríamos."

N, 27, Sydney, Austrália.

"Já pensei muito [em ter um relacionamento aberto] e gosto da ideia em tese, mas o fato é que não seria totalmente seguro, e odeio a ideia de expor meu namorado a DSTs. É claro que eu vejo outros caras e tenho vontade de ficar com eles, mas você tem de simplesmente aceitar que fez uma escolha de se comprometer com um cara só."

Ben, 23, Manchester, Reino Unido.

"Eu não teria um relacionamento aberto de jeito nenhum. Estou com a minha parceira já faz oito anos, e nós temos nossos altos e baixos, mas eu a amo e não quero fazer sexo com mais ninguém."

Jenny, 31, Dublin, Irlanda.

Para algumas pessoas, traição é traição e pronto. Ciúme e paranoia são capazes de fazer um pinto murchar como uma lesma no sal, ou uma xoxota se fechar como uma concha – NÃO É SEXY. Para a maioria das pessoas, fazer sexo com outras pessoas é motivo para terminar um namoro, e você talvez tenha de respeitar isso ou encontrar um parceiro mais compatível.

No entanto, todas as pessoas – gay ou não – devem reconhecer que há uma única verdade universal:

TODOS NÓS QUEREMOS TRANSAR COM UM MONTE DE GENTE.

Permita que eu explique. Nem TODOS nós queremos trair nossos parceiros ou ser promíscuos, mas – e por favor me corrija se eu estiver errado (se bem que eu sei que você está mentindo) – quando vemos alguém que desperta nosso desejo, sentir esse desejo é inevitável! Não dá para fazer muita coisa a respeito disso, exceto arrancar os olhos com uma colher.

Portanto, vira uma questão de controle de impulsos. Se todos aceitamos que é perfeitamente natural sentir vontades, com certeza somos evoluídos o bastante para não ter de ceder a todas elas.

Para alguns casais, no entanto, a ideia de ter de reprimir vontades é loucura, portanto eles permitem um ao outro a liberdade de dar vazão a seus desejos.

Na maioria dos relacionamentos abertos, há certas REGRAS. Essas muitas vezes incluem:

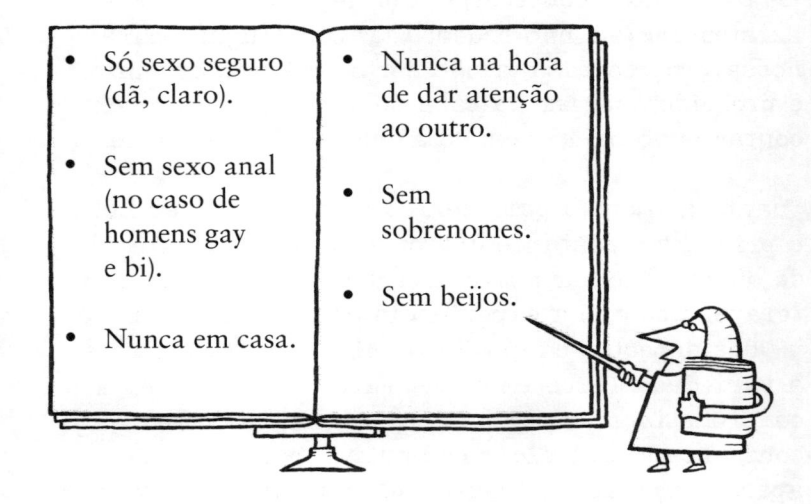

- Só sexo seguro (dã, claro).
- Sem sexo anal (no caso de homens gay e bi).
- Nunca em casa.
- Nunca na hora de dar atenção ao outro.
- Sem sobrenomes.
- Sem beijos.

Sem repetir (só pode transar uma vez).

Se bem que, com tantas regras, fico me perguntando quanta "liberdade" esses casais realmente têm.

A HISTÓRIA DE JAY

Meu parceiro e eu estamos juntos há oito anos. Somos parceiros civis, morando juntos na nossa casa própria - resumindo, estamos bastante "assentados" um com o outro. Além de parceiros, somos melhores amigos e nos conhecemos como a palma da mão.

Alguns anos atrás, concordamos que podíamos ficar com outras pessoas, caso surgisse a oportunidade. Não decidimos isso para sair correndo e agarrar o primeiro homem que encontrássemos – foi mais "Se o momento acontecer, então não é um problema". Existem regras: não podemos trazer ninguém para nossa própria casa (a não ser se estivermos juntos), é proibido acordar na casa de outra pessoa, e sempre contamos ao outro quando alguma coisa acontece.

Quanto ao motivo para termos escolhido fazer isso, o primeiro é bastante claro: pela novidade. Além de obviamente ser muito divertido, o sexo pode ser terapêutico e uma experiência de aprendizagem – e um dos aspectos em que isso melhor se demonstra é a variedade. Percebemos que, embora ainda estejamos comprometidos um com o outro e tenhamos total confiança mútua, ficar com outras pessoas não apenas enriqueceu nossas vidas sexuais mas também nos tornou mais fortes como casal. Outro motivo é que agora, pensando em retrospecto e ainda antes dos trinta, comprometer-se a fazer sexo com uma única pessoa quase parece anormal, especialmente para casais gays, nos quais (na maioria dos casos) a perspectiva de ter filhos e assentar-se no sentido tradicional é inexistente. (Meu parceiro e eu somos fortemente contra a ideia de ter filhos. Nunca.)

JOVEM AMOR

Muitas pessoas LGBTQIA+ mais jovens querem estar em relacionamentos com compromisso – afinal, essa intimidade parece boa, não é? Bom, parece mesmo, mas lembre-se, não ter relacionamento nenhum é melhor do que ter um só porque todas as outras pessoas estão tendo. Você pularia da ponte se os seus amigos mandassem você pular? (RESPOSTA: Qual é exatamente a altura dessa ponte?)

Quando visito escolas no Reino Unido, a maioria agora tem pelo menos um "casal gay" e, o que é importante, o resto da escola parece estar pouco se lixando. As escolas britânicas são obrigadas por lei a proporcionar um espaço seguro para todos os alunos, portanto, EM TESE, qualquer estudante pode ter um relacionamento com um colega. Na prática, as escolas variam muito, sendo algumas melhores que outras no combate ao *bullying* homofóbico. Infelizmente, no Brasil, não existe nenhuma política pública no sentido de impedir o *bullying* homofóbico nas escolas.

Fora da escola, não há nada que impeça você de ter um namorado. Alguns casais de trinta e poucos anos que conheço começaram a namorar na escola e ainda estão firmes até hoje!

Dito isso, poucas pessoas acabam ficando com seus amores de infância, e nem todo mundo tem maturidade emocional suficiente para ter um relacionamento enquanto ainda está na escola ou na faculdade. Os primeiros namoros, no entanto, são uma coisa ÓTIMA porque dão um gostinho de como é estar num relacionamento, ensinam a fazer concessões e permitem que você descubra as coisas de que gosta e as de que não gosta.

"CASAMENTO GAY"

Até que enfim! Depois de muita, MUITA discussão entre muitas, MUITAS pessoas, a maioria delas sendo pessoas que não se identificam como LGBTQIA+ (o que nos traz à pergunta: "Por que essas pessoas não têm sequer o direito de opinar?"), casais do mesmo sexo finalmente podem se casar em vários países do mundo, incluindo o Brasil. Foi uma batalha cansativa e desnecessária, mas agora os casais do mesmo sexo têm alguma coisa que lembra de longe a igualdade de direitos.

Linha do tempo do casamento gay no Brasil:

> 2000 – A jurista Maria Berenice Dias cria o termo "homoafetividade" para ajudar em suas defesas pelo reconhecimento dos direitos de casais do mesmo sexo. A palavra significa que os homossexuais têm relações baseadas no afeto e, exatamente por isso, merecem ter os mesmos direitos que as famílias formadas do relacionamento de um homem e uma mulher.
>
> 2005 – O Rio Grande do Sul foi o primeiro estado brasileiro a reconhecer a chamada união estável entre casais homossexuais. Depois, alguns cartórios de outros estados começam a aceitar a chamada parceria civil entre pessoas do mesmo sexo, que no entanto ainda não garantia todos os direitos obtidos pelo casamento.
>
> 2011 – Foi também por causa de uma ação de duas gaúchas que exigiam ter o mesmo direito de se casar que os heterossexuais que o chamado casamento igualitário foi parar no Supremo Tribunal Federal (STF). Lá, acabou-se decidindo que os casais homoafetivos devem ter os mesmos

direitos dos casais héteros. "O sexo das pessoas não se presta como fator de desigualação jurídica", disse o então ministro relator Ayres Britto, e "daremos a esse segmento de nobres brasileiros mais do que um projeto de vida, um projeto de felicidade", apoiou o ministro Luiz Fux. A vitória foi por unanimidade.

2013 – O Conselho Nacional de Justiça (CNJ) aprova resolução obrigando todos os cartórios do país a realizar casamentos igualitários, fazendo assim cumprir a vontade do STF e tirando qualquer amarra administrativa que pudesse impedir a união de duas pessoas só porque elas são do mesmo sexo.

É importante ressaltar que todas essas vitórias aconteceram no campo do Judiciário, e hoje, no Brasil, os homossexuais podem se casar. Porém o poder Legislativo, que é quem cria as leis para o país, tem, desde 2013, um projeto de casamento civil igualitário, proposto pelos deputados Jean Wyllys e Érika Kokay, que ainda tramita pelos corredores do Congresso e sofre forte pressão dos conservadores.

Mas, de modo geral, no mundo ocidental, a maré parece estar mudando a nosso favor. Ueba! Não importa se você pessoalmente quer ou não se casar: acredito que todos deveriam ter direito a exatamente as mesmas instituições. Porém a comunidade LGBTQIA+ tem opiniões divididas sobre esse assunto – e, já que historicamente essas tais instituições sempre torceram o nariz para nós, não dá para culpar as pessoas que são contra.

"Sou fortemente a favor [do casamento entre pessoas do mesmo sexo]. Acredito que a vitória parcial das uniões civis foi apenas um estágio na luta para possibilitar a igualdade completa para a comunidade LGBTQIA+. O amor é o mesmo, qualquer que seja a sexualidade, e o casamento não pertence às pessoas religiosas ou a outros grupos – é um construto social humano, e deveria ser aberto a todos os casais que desejam se comprometer. Sim, se o homem certo me pedisse em casamento, eu adoraria ter um marido!"

Mike, Londres.

"Não vejo diferença alguma entre o casamento gay e o hétero, e não consigo acreditar que, no século XXI, as pessoas ainda fazem distinção entre os dois. Casamento é casamento, amor é amor."

MJ, Reino Unido.

"Sou muitíssimo a favor de direitos iguais para pessoas LGBTQIA+, incluindo direitos matrimoniais. O casamento entre pessoas do mesmo sexo já é permitido por lei no meu país, a África do Sul, há sete anos, e a sociedade não desmoronou por causa disso. Eu bem que gosto da ideia de me casar um dia – principalmente porque adoro festas de casamento, para ser sincero."

Stephen, 22, Joanesburgo, África do Sul.

"Apoio totalmente o casamento entre pessoas do mesmo sexo. E acho qualquer argumento contra absolutamente ridículo. Isso talvez soe duro, mas há um único motivo simples: o fato de duas pessoas do mesmo sexo poderem ou não se casar não tem absolutamente nenhum impacto na vida ou no casamento de nenhuma outra pessoa. Literalmente não tem o mínimo impacto. E a questão termina por aí. Isso não é da conta de mais ninguém, portanto não faz sentido se opor. Pessoalmente eu não pretendo me casar, mas para mim é importante saber que, se eu mudar de ideia, tenho essa possibilidade."

Anna, 17, Alemanha.

"Na verdade eu não tenho uma opinião muito forte a esse respeito. Para mim, é só uma coisa jurídica/prática. Todo esse estardalhaço e sentimentalismo não faz sentido para mim, se você pode simplesmente pedir um divórcio e anular tudo caso mude de ideia."

L, 28, Brighton.

O que importa mesmo é o seguinte: em vários países, se você quer se casar, agora pode. Seja você homem, mulher, gay, hétero, bi ou curioso. Isso me parece certo. Estou ligeiramente puta porque ninguém ainda pediu minha mão em casamento, para ser sincera. ESTOU AQUI SENTADA NO MEU VESTIDO DE NOIVA. No Reino Unido, a lei que permite o casamento homossexual também é ótima porque além disso protege as pessoas trans. Se você se casar com alguém, e você ou a outra pessoa mudar de gênero, o casamento continuará valendo aos olhos da lei.

GAYBIES

Espero que não seja mais uma grande surpresa quando eu disser que dois homens ou duas mulheres precisam de uma ajudinha na hora de fazer um bebê acontecer. O QUÊÊÊ? Pois é, é verdade. Para isso é necessário um suprimento de óvulos e de espermatozoides saudáveis, infelizmente.

Mas esse é apenas um pequeno obstáculo que impede casais do mesmo sexo de formar uma família, e muitos estão escolhendo fazer isso. Mais uma vez, é uma questão de IGUALDADE – só porque uma pessoa curte quem curte, não quer dizer que ela não possa fazer as mesmas escolhas que a maioria.

Como no caso do casamento, esse é um assunto polêmico (sei lá por quê, afinal estamos no século XXI).

"Eu adoraria um dia ser pai. Mas, sendo um homem gay solteiro, não sei muito bem como isso vai acontecer."

Stuart, 33, Brighton, Reino Unido.

"Acho que pessoas que pensam a fundo sobre a ideia de ter filhos e depois tomam uma decisão consciente de tê-los são sempre melhores pais e mães do que aquelas que simplesmente têm filhos porque 'é isso que se faz'."

Fi, 29, Madri, Espanha.

"Acho que bons pais são necessários em qualquer lugar; suas convicções são irrelevantes, além de dar uma boa vida a uma criança. Eu adoraria adotar uma criança quando tiver um relacionamento estável e uma situação financeira segura. Preferiria adotar a ter meu próprio filho. Não gosto da ideia de engravidar, mas me sinto maternal, e sei que há muitas crianças por aí que precisam de um lar amoroso."

Blaz, 34, Bristol, Reino Unido.

"Nenhum dos argumentos contra gays terem filhos faz muito sentido para mim porque basicamente parecem cair em duas categorias: 1. 'Crianças precisam de uma mãe e um pai porque eles trazem coisas diferentes para a família' - isso para mim faz tanto sentido quanto dizer, 'Crianças precisam de uma pessoa musical e uma pessoa científica' ou 'Crianças precisam de uma pessoa engraçada e uma pessoa muito séria'. Obviamente, pessoas diferentes trarão coisas diferentes para a educação de uma criança, mas insistir que precisa ser um homem e uma mulher parece algo aleatório. O argumento da 'natureza' também nunca se sustenta. 2. 'Crianças vão sofrer *bullying* se forem filhas de um casal gay' - crianças podem sofrer *bullying* por inúmeras razões, e isso não é de fato um motivo para dizer que essas coisas não deveriam acontecer. Com o tempo, ser filho de um casal gay será tão corriqueiro quanto ser filho de um casal divorciado."

L, 28, Brighton, Reino Unido.

L diz algo que faz muito sentido. Os argumentos contra casais homossexuais terem filhos são mais fracos do que caldo de batata. Basicamente não existe NENHUM MOTIVO NO MUNDO para homossexuais não poderem formar família. "Ah, mas essas crianças vão ser atormentadas!", gritam escandalizados os leitores homofóbicos. "Só por vocês, seus tapados de cabeça pequena", responde o resto do mundo.

Dois pais ou mães que dão amor = dois pais ou mães EXCELENTES, independentemente da preferência sexual ou identidade de gênero. Entendeu? Que bom.

COMO FAZER UM BEBÊ SE VOCÊ É GAY

1. **Doação de esperma:** Um casal de mulheres pode usar esperma de um doador para engravidar. Os órgãos de saúde recomendam que o leitinho de amor seja adquirido em uma clínica registrada, pois terá sido testado contra DSTs e anomalias genéticas. Além do mais, se isso for feito através de uma clínica registrada, as duas mães automaticamente serão reconhecidas como genitoras do bebê. Se as mulheres não forem casadas e usarem um doador particular, a mãe que não carregou o bebê na barriga terá de adotá-lo depois. (Pelo menos no Reino Unido é assim que funciona. E no Brasil também.)

"Eu sempre quis ter uma família, e nunca senti que ser gay impediria isso. Conheci minha parceira nove anos atrás, e após nossa união civil em 2009 começamos a falar em formar uma família. Ambas sabíamos que queríamos ter filhos, mas não tínhamos decidido o melhor jeito de fazer isso. Para lésbicas, há muitas opções. Consideramos todas elas – doador conhecido, doador desconhecido, adoção etc. Discutimos cada opção juntas, nos reunimos com um planejador de famílias e conversamos com amigos. Enfim chegamos a um caminho que parecia confortável para nós. Minha parceira teria os bebês através de um doador desconhecido, porém aberto, que escolhemos de uma clínica em Nova York. Agora, temos uma linda filha de dezoito meses e estamos felicíssimas. Ambas trabalhamos quatro dias por semana, e ambas cuidamos da criança um dia por semana. Apreciamos a igualdade do nosso relacionamento, e o fato de que ambas podemos nos sentir realizadas, profissional e pessoalmente, como mães."

Charlotte, Londres.

2. **Custódia compartilhada:** Este é tradicionalmente o esquema em que um homem gay e uma mulher gay cooperam e criam um filho juntos – talvez dividindo a custódia entre casais gays. Nem sempre o pai e a mãe são gays; um deles pode ser hétero. No entanto, como você saberá caso tenha visto *Sobrou pra você*, aquele filme podre da Madonna, não se esqueça de contratar um advogado para garantir a validade legal do acordo.

3. **Barriga de aluguel:** Às vezes homens gays (ou mulheres que não querem engravidar) podem usar uma mãe de

aluguel para carregar um óvulo que eles fertilizaram. No Reino Unido, isso é uma coisa dificílima de fazer. Embora seja permitido por lei, o sistema não facilita nem um pouco. Por exemplo, os aspirantes a pais não podem procurar uma mãe de aluguel através de anúncios, nem podem pagar nada à mulher além das despesas. No fim da gravidez, a mãe de aluguel também não é obrigada a entregar a criança, o que significa que o processo é cheio de incertezas.

4. **Adoção:** A adoção agora está disponível para casais gays no Reino Unido, e as autoridades e agências locais estão sedentas atrás de novos pais e mães. No Brasil, a adoção teoricamente é permitida por lei, mas na prática a situação é bem complicada. O desafio, no caso da adoção, é que muitas das crianças que precisam de pais adotivos vêm de contextos traumáticos, e muitas vezes precisam de ainda mais amor, apoio e estabilidade.

Portanto, como você está vendo, para um casal homoafetivo ter filhos, as duas pessoas têm de estar realmente muito a fim. Para mim, parece quase injusto que os héteros só precisem esquecer de usar camisinha e, BUM, surgiu uma família. Enfim, *c'est la vie*.

Criar um filho, caso você queira embarcar nessa viagem, é o presente mais fantástico que um ser humano pode dar.

A HISTÓRIA DE MATHEW

Mathew e seu parceiro começaram uma família na África do Sul, mas moram em Londres já faz alguns anos.

Nossa posição de querer ter uma família não era uma coisa incomum – acho que esse é um desejo que a maioria das pessoas tem, em algum grau. Nosso desafio era que o único jeito de conseguir isso era pelo caminho da mãe de aluguel. Sabíamos que seria complicado e custoso, tanto em termos financeiros quanto emocionais. Mas nosso desejo de ter uma família era forte e nos deu ânimo para continuar.

Ter filhos com uma mãe de aluguel cai mais ou menos em duas categorias – ou usar os óvulos da mãe de aluguel, ou usar uma doadora de óvulos. A decisão de seguir um desses caminhos tem uma série de prós e contras, e no fim escolhemos a segunda alternativa – a de obter uma doadora de óvulos. Saímos à procura de três pessoas importantes que nos dariam assistência na nossa jornada. Precisávamos de um assistente social que nos ajudasse com todas as exigências legais, de uma doadora de óvulos e de uma mãe de aluguel. Além disso, precisávamos de uma instituição que ajudasse com todos os requisitos de laboratório necessários. Com a ajuda de amigos e conhecidos, conseguimos encontrar uma mãe de aluguel que estava disponível e atendia aos nossos requisitos. Também fizemos contato com uma assistente social solícita e encorajadora, e através da clínica de fertilidade e da maravilhosa assistência da enfermeira que nos foi designada uma doadora de óvulos foi encontrada, além de um laboratório para fertilizar a mãe de aluguel.

Depois que todas essas pessoas estavam a postos, nos reunimos com uma advogada especializada que nos ajudou a redigir um contrato com a mãe de aluguel e tudo o que isso implicava. A situação legal hoje em dia é um pouco diferente do que era quando fizemos o contrato, mas havia certas exigências que tínhamos de cumprir, inclusive nos submetermos a exames médicos, avaliações financeiras etc. para o processo de adoção que teríamos de seguir depois que o(s) bebê(s) nascesse(m).

Com tudo a postos, a clínica logo organizou a doadora e a mãe de aluguel, e passou a aplicar uma série de injeções regulares nas duas para garantir a sincronização dos seus ciclos. Tudo pareceu acontecer muito rápido de repente, depois de anos pensando em procurar uma mãe de aluguel e então meses de planejamento e organização. Oito óvulos foram colhidos da doadora de óvulos, e fomos chamados para fornecer a amostra de sêmen. Alguns dias depois, tínhamos uma série de embriões saudáveis prontos para serem implantados na mãe de aluguel. Quando chegou o grande dia, estávamos ambos nervosos e animados. Também estávamos muito ansiosos para garantir que teríamos gêmeos – depois de todo o trabalho que dera esse processo, ter gêmeos parecia o ideal para nós.

Estávamos presentes na implantação e pedimos ao médico que implantasse três embriões para aumentar a chance de gêmeos. O médico, no entanto, era da opinião de que os aglomerados de oito células que estávamos vendo na tela eram de excelente qualidade, e tomou-se a decisão de implantar apenas dois embriões. Haveria, na opinião dele, uma chance de 30% de gêmeos. Ficamos na esperança de uma gravidez positiva, com o sonho de que ambos os embriões vingassem.

Sete dias depois, a mãe de aluguel telefonou para dizer que fizera um teste caseiro de gravidez que dera resultado positivo. Passados poucos dias, ela foi à clínica e um exame de sangue confirmou a gravidez. Na sexta semana, nós a acompanhamos na primeira ultrassonografia. Foi um momento emocionante, e nossa emoção dobrou quando o médico confirmou que seriam gêmeos. Tivemos sorte de a gravidez ter acontecido logo na primeira tentativa.

A gravidez foi como um passeio de montanha-russa. Estávamos torcendo para que a gravidez fosse viável, para que ambos os gêmeos ficassem bem e nascessem no prazo certo. Semanas se passaram com tomografias regulares e contato constante com a mãe de aluguel. Dois incidentes exigiram que ela fosse hospitalizada por um breve período mas, no cômputo geral, a gravidez correu tranquilamente. Nossos bebês cresceram bem, e sabíamos que estávamos esperando duas meninas. Nesse meio-tempo, começamos a preparar um quarto para elas e frequentamos um seminário para pais de gêmeos, que foi informativo e exaustivo.

Chegamos a 38 semanas (considerado o prazo correto para gêmeos) e agendamos uma data para a cesariana. Na noite anterior ao parto, visitamos nossa mãe de aluguel no hospital. Ela estava animada e nervosa – um sentimento que espelhava o nosso. No começo da manhã seguinte, chegamos ao hospital, vestimos os aventais e entramos na sala de cirurgia.

O parto foi rápido, e eles nos entregaram uma
bebê e depois a outra. Com 2,1 quilos e 1,9 quilo,
elas eram pequenas, mas perfeitas e saudáveis. O
alívio foi imenso. Acompanhamos as duas até a ala
de maternidade, onde ficaríamos instalados por
toda a duração da estadia das bebês no hospital.
Nossas filhas ficaram muito bem aos cuidados das
maravilhosas enfermeiras, e depois de cinco dias e
uma penca de visitas partimos para casa com Erin
e Ariella. Ter gêmeas tem sido uma experiência
maravilhosa e um grande desafio. Nossas duas meninas
estão indo muito bem e crescendo depressa. Têm seis
anos agora e estão no primeiro ano da escola.

Refletimos cuidadosamente sobre como contar nossa
história de família, tanto a elas quanto ao resto
do mundo – falamos que nossa família tem pai e pai,
como outras têm pai e mãe, e nosso relacionamento
gay significou que distribuímos os papéis com base
na nossa capacidade, o que foi muito libertador.
Embora, é claro, muitas pessoas fiquem curiosas ou
não estejam acostumadas com uma família gay como
a nossa, geralmente encontramos na maioria das
pessoas bastante acolhimento e apoio, e nossas filhas
com certeza estão muito bem integradas na escola e
na comunidade. Felizmente há cada vez mais livros
infantis que quebram os estereótipos heteronormativos
e gênero-normativos, e isso foi extremamente valioso
tanto para nossas filhas quanto para as crianças que
estudam com elas.

Embarcamos na aventura de ter filhos por uma mãe
de aluguel tantos anos atrás, e hoje a sensação é a de

que somos só mais uma família normal, com os desafios diários que a maioria das famílias enfrenta. O que realmente sabemos é que ser gay não significa não ter sua própria família.

CAPÍTULO 11
Chapéus

Quando você sai do armário ou sai em público pela primeira vez com uma nova identidade – seja LGBTQIA+ ou superfã do *Project Runway* –, existe uma novidade e, talvez depois de passado o estresse inicial, um desejo de gritar de cima dos telhados. E você deve fazer isso porque, no fim, vai acabar sentindo **orgulho** de quem você é.

Eu já estou orgulhosa de você.

Há dias em que penso: "Puxa, a vida seria muito mais fácil se eu fosse mulher cis", mas esses dias são poucos e só acontecem de vez em quando. Eu adoro ser trans. Adoro minha liberdade. Adoro criar minhas próprias regras. Adoro não ter de guardar segredos dos meus amigos e parentes. Adoro ser parte de uma subcultura e de um grupo minoritário. Até lembro dos anos difíceis na escola, como garoto gay, e sinto pena de alguns dos meus *bullies* por terem a mente tão pequena. Olho para eles agora e dou risada de como a vida deles é triste e MINÚSCULA em consequência disso.

No entanto, quero terminar com uma nota quase de advertência:

SUA IDENTIDADE NÃO É UMA DEFINIÇÃO.

Você está entrando para este incrível clube global cheio de gente ótima, mas você também é apenas você, e você é **muito mais** que apenas uma lésbica, pessoa gay, bissexual, *queer* ou trans.

Ok, você precisa se imaginar como uma coisa com muitas partes, talvez uma HARPA ou uma LULA. Você pode com certeza pensar no seu próprio exemplo. Você é basicamente uma HARPA-LULA, e um dos seus tentáculos ou cordas é ser lésbica ou gay etc., mas você tem muitas outras partes.

PREENCHA O MEU *QUIZ* HARPA-LULA. VOCÊ VAI PRECISAR DE UM LÁPIS HB.

1. Qual é sua identidade sexual ou de gênero? _____

2. Qual é/era sua matéria mais forte na escola? _____

3. O que você cozinha quando quer impressionar alguém? ___
_____

4. Escreva uma citação favorita de um livro ou filme._____
_____

5. Conte-me uma coisa que só sua mãe saberia sobre você. __
_____

6. Qual é seu talento secreto? _____

7. Quem interpretaria você num filme sobre sua vida? _____

8. Se você pudesse fazer qualquer trabalho no mundo, qual seria?
_____

9. Quem é seu/sua melhor amigo(a) (real ou imaginário(a))?
_____

10. Onde você se vê daqui a cinco anos? _____
_____

Você é uma pessoa complexa, multifacetada. Sim, você. Mesmo que você passe tanto tempo quanto eu assistindo a *Next Top Model* e comendo bombons, isso ainda é parte do que faz você ser VOCÊ, e não tem nada a ver com a sua identidade sexual.

Alguns dos seus tentáculos vão afetar sua vida mais do que outros e, francamente, alguns têm um peso um pouco maior do que outros. Além de ser, por exemplo, gay, você pode ser asiático, deficiente físico e sapateador. Nesse caso, o sapateado, embora seja algo sofisticado, talvez não defina você tanto quanto os outros três aspectos. Isso se chama **interseccionalidade** – o estudo do quanto essas identidades sobrepostas vão influenciar sua vida.

No entanto, a questão é que apenas identificar-se como gay, lésbica, bi, *queer* ou trans não é algo que, por si só, vá levar você muito longe. Envolver-se numa cena gay é divertido, mas não é um modo de vida nem, para a grande maioria das pessoas, uma carreira. Sendo sinceros, provavelmente também não é supersaudável passar cada hora do seu dia pensando de onde virá seu próximo orgasmo.

O que estou dizendo é que, agora que resolvemos a questão da sua identidade, você vai ter de criar uma vida. Uma vida inteira, onde ser LGBTQIA+ é só uma parte dela. Abra o jornal de hoje nos classificados de empregos. Aposto que não existe um anúncio colorido de página inteira dizendo: PROCURA-SE: PESSOA GAY PARA SER GAY. QUARENTA HORAS POR SEMANA COM HORA EXTRA/BENEFÍCIOS.

Receio que, além de ser LGBTQIA+, você esteja no mundo real junto com todas as outras pessoas. Então agora que usamos este livro para lidar com a sua identidade, precisamos direcionar sua atenção para questões muito maiores. Seu futuro, sua carreira, sua família, seus filhos, suas aspirações e ambições. Suas esperanças e sonhos.

É claro que sua vida amorosa é uma fatia merecidamente grande do bolo da sua vida, mas, botando de lado a parte homo, você está pescando na mesma lagoa que todas as outras pessoas. Estamos todos tendo as mesmas paixonites, primeiros amores, rejeições, momentos POR QUE ELE NÃO RESPONDEU À MINHA MENSAGEM, encontros ruins e beijos ótimos.

Esta é a mensagem final. Nós NÃO estamos numa guerra amarga contra "OS HÉTEROS". Não é nada disso. Sim, existem algumas pessoas héteros homofóbicas por aí, mas há pessoas gays profundamente homofóbicas também. Não vá para o mundo real pensando que todas as pessoas héteros odeiam você, porque isso não é verdade, e você vai acabar se limitando aos guetos LGBTQIA+.

Conforme as pessoas LGBTQIA+ conquistam mais direitos e maior visibilidade na mídia, a linha divisória entre gays e héteros fica mais tênue. Uma geração de pessoas de mente pequena está basicamente morrendo e sendo substituída por adolescentes que cresceram com Lady Gaga, Conchita Wurst, Will Young, Graham Norton e Ellen DeGeneres. Com certeza no Ocidente, embora ainda tenhamos um longo caminho a percorrer, as coisas nunca estiveram tão boas quanto hoje para as pessoas LGBTQIA+.

Dito isso, não quero que você fique confortável demais.
O capítulo mais difícil de escrever neste livro foi o das situações políticas no mundo todo – a maioria dos países está mudando para melhor, mas alguns regimes estão mudando para pior.
VOCÊ vai ter de lutar porque o Jean Wyllys não pode fazer tudo sozinho. Sim, VOCÊ. VOCÊ precisa ajudar. No fim deste livro: as ONGs LGBTQIA+. Ajude esses grupos. A cada geração, as coisas estão melhorando para as pessoas LGBTQIA+ – o que VOCÊ vai fazer para garantir que isso continue acontecendo?

Gosto de pensar que, daqui a pouco tempo, você vai se apresentar como "um dançarino", "um fã", "uma amiga", "uma escritora" ou "um personal trainer" antes de dizer "Meu nome é Bob e eu sou gay". Pessoas hétero nunca têm de fazer isso, e nós também não deveríamos.

Tenha orgulho. Você possui vários chapéus diferentes. Use todos eles com orgulho. Vivemos numa época muito emocionante para ser LGBTQIA+ – as coisas estão mudando e evoluindo constantemente, e eu, pelo menos, mal posso esperar para ver o que vai acontecer em seguida.

CAPÍTULO 12
UM GUIA PARA RECONHECER SEUS SANTOS E SANTAS GAYS

Como indivíduo, você deve ter um gosto amplo e variado por tudo o que é musical, artístico, político e dramático. No entanto, há uma série de pessoas (além de filmes e programas de TV) que transcendem a celebridade normal e tornam-se algo muito mais especial – viram ÍCONES GAYS –, e isso inclui ícones para mulheres gays e pessoas trans também.

Já que esses ícones não são necessariamente LGBTQIA+, é difícil dizer o que faz as pessoas LGBTQIA+ se apegarem tanto a cada um deles. É a estética? É o *glamour*? É a tragédia pessoal ou a superação das circunstâncias? É o coração gentil ou a mente aberta à nossa causa?

É claro, parte da diversão é criar seus próprios ícones. Às vezes procuramos inspiração em nossas mães e pais, outras vezes em amigos. Não há como não se inspirar – quem inspira você?

Dito isso, há umas poucas inspirações sobre as quais quase todos nós concordamos, e elas ficaram associadas ou embutidas na cultura gay. Portanto você devia saber quem elas são, nem que seja para formar uma opinião positiva ou negativa.

Senhoras e senhores, eis aqui um breve dicionário de ícones gay:

A

ABBA – Grupo pop sueco criado no concurso Eurovision (Festival Eurovisão da Canção), que em si é uma nave-mãe do *camp*.

Alan Turing – Gênio da matemática e decifrador de códigos que ajudou as Forças Aliadas a vencer a Segunda Guerra Mundial. Suicidou-se após ter sido quimicamente castrado. Uma lenda.

Angela Ro Ro – Escândalo! Ela foi uma das primeiras artistas a se declarar lésbica, em um mundo até então todo enrustido da MPB. Debochada, desbocada, compositora de mão cheia e voz potente.

Annie Lennox – Além de seu passado pop brincando com gêneros e androginia, Lennox também é uma defensora ferrenha de instituições beneficentes contra HIV/AIDS.

Armistead Maupin – Autor da adorada saga *Histórias de uma cidade*, acompanhando um grupo diverso de pessoas em San Francisco.

B

Barbra Streisand – Cantora e atriz. Não sei muito bem por que os homens gay gostam tanto dela, mas eles realmente gostam. Principalmente nos Estados Unidos.

Beth Ditto – Abertamente gay, cantora desbocada do Gossip e ícone da moda.

Beto e Ênio – O casal da *Vila Sésamo* finalmente "se revelou" na capa da revista *New Yorker* quando uma parte importante da Lei de Defesa do Matrimônio, que impedia os casamentos do mesmo sexo nos Estados Unidos, foi derrubada pela Suprema Corte em 2013.

Bette Davis – A outra metade do dueto no filme *Baby Jane*, citada no rap "Vogue" da Madonna.

Bette Midler – Diva amiga dos gays, começou a carreira tocando música numa sauna gay.

Beyoncé – Olhe, se você é conhecido no mundo inteiro só pelo primeiro nome, você automaticamente se qualifica.

Billie Jean King – A primeira esportista profissional a se revelar abertamente como gay, em 1981.

Brokeback Mountain [*O segredo de Brokeback Mountain*] – Filme vencedor do Oscar sobre pastores (de orelhas) gays. De cortar o coração.

Buck Angel – Ator pornô, cineasta e ativista FTM multitatuado.

C

Cássia Eller – Com sua voz grave e seu jeito de moleque, foi a personificação do *butch* na música brasileira.

Cazuza – Cantor abertamente bissexual, provocador e desbocado. Morreu em decorrência da AIDS numa época em que uma série de estigmas ignorantes cercavam as pessoas afetadas pela doença.

Chas Bono – Ele não apenas saiu da vagina da Cher, mas é provavelmente o homem trans de maior destaque do planeta.

Cher – Oh, meu Deus, ela é simplesmente a CHER. CHER.

Chris Colfer / Darren Criss – Interpretando alunos bonitinhos de ensino médio no seriado *Glee*, esses atores trouxeram o tema gay para a juventude *mainstream* americana.

D

David Bowie – O bissexual mais glamoroso da lista, e provavelmente responsável por trazer com força o *genderqueer* e a androginia para o foco das atenções. Um verdadeiro ícone.

Delicada atração [*Beautiful Thing*] – Filme de 1996 escrito pelo dramaturgo e roteirista **Jonathan Harvey**. O filme mostra uma história de amor superfofa entre dois rapazes num subúrbio proletário de Londres.

Divine – *Drag queen* escandalosa, morreu jovem demais. Estrela de filmes provocantes como *Pink Flamingos*, *Hairspray* e *Female Trouble*.

Doctor Who – Homens gays adoram o conceito de um cara que nunca envelhece, nunca se assenta na vida e está sempre acompanhado por moças glamorosas. Não entendo o porquê. Estrelando também o capitão Jack Harkness, ele próprio um ícone bi.

Dolly Parton – Uma versão *country* da Cher. Uma sobrevivente que se ergueu do nada para virar um império de uma mulher só.

Dorothy Parker – Escritora e satirista americana conhecida por seu humor ácido e seus comentários venenosos – uma inspiração para todo mundo.

E

Elke Maravilha – Ave exótica da TV brasileira no fim do século XX. Muita gente achava que ela fosse travesti. Ela achava isso o maior elogio.

Ellen DeGeneres – Talvez a lésbica mais famosa do mundo, Ellen saiu do armário ao vivo na TV, e agora está num casamento de destaque com a atriz Portia de Rossi, da série *Arrested Development*.

Elton John – O exuberante cantor e pianista agora é conhecido mais por seu ativismo e dedicação à sua fundação de combate a HIV/AIDS.

F

Frank Ocean – Cantor de *soul* que saiu do armário em 2012, um enorme passo para um jovem negro ligado ao mundo estereotipicamente homofóbico do hip-hop.

G

Gareth Thomas – Jogador profissional de rúgbi aposentado e abertamente gay. Todo esportista assumido está ajudando a quebrar uma porta de homofobia velada no esporte.

Grace Jones – *Camp*, excêntrica, alta moda. Uma instalação de arte em carne e osso, e predecessora de Lady Gaga.

H

Harvey Milk – Político abertamente gay da cidade de San Francisco que lutou por igualdade e pela proteção das pessoas gay em seus empregos. Assassinado na flor da idade. Um verdadeiro herói.

Hayley Kiyoko – Cantora e compositora, conhecida pela comunidade de fans como "Jesus lésbica".

I

Ian McKellen – O ator gay mais distinto de Hollywood, alcançando milhões de pessoas em seus papéis como Gandalf e Magneto. McKellen também é um ativista engajado pelos direitos dos gays.

Irmãs Minogue – Todo mundo adora um pouco de rivalidade entre irmãs. Você gosta da loirinha espevitada ou da morena sedutora? GUERRA. Kylie conquistou o coração dos gays com sua transformação de atriz cafona de novela em fenômeno pop de shorts apertados.

J

Jean Wyllys – Este baiano sorridente virou celebridade como primeiro vencedor abertamente gay do programa *Big Brother Brasil*. Usou sua fama instantânea para fazer diferença na vida de pessoas anônimas, e hoje é um dos maiores lutadores pelos direitos de grupos discriminados no Brasil.

James Dean – Este ator perturbado é considerado o criador do *"look"* lésbico essencial.

Joan Crawford – Se a atuação dela em *O que aconteceu com Baby Jane* não for suficiente para você, veja o retrato da sua vida real em *Mamãezinha querida*. TINA! ME TRAZ O MACHADO.

João W. Néry – Considerado o primeiro transexual FTM do Brasil. Atualmente há um projeto de lei com o seu nome, pelo reconhecimento legal da identidade de pessoas trans.

João Silvério Trevisan – Escritor e ativista, ele é um dos fundadores do primeiro jornal homossexual do país, o *Lampião da Esquina*, e do Somos (Grupo de Afirmação Homossexual), pioneiro no país. Autor de *Devassos no paraíso*, que narra a homossexualidade do Brasil colônia até os dias de hoje, uma espécie de livro LGBTQIA+ fundador.

Jodie Foster – Um ícone das lésbicas já muito antes de se revelar oficialmente num discurso de premiação muito esquisito em 2013.

John Waters – Escritor e diretor de clássicos *camp* como *Hairspray*, *Mamãe é de morte* e *Pink Flamingos*. Colaborador de Divine.

Judith Butler – Filósofa americana contemporânea. Revolucionou completamente a questão do gênero e da sexualidade no mundo acadêmico.

Judy Garland – Considerada por muita gente como o maior ícone gay de todos os tempos, Garland preenche todos os requisitos: a beleza, a voz, a atitude *camp* (*O mágico de Oz*) e um declínio trágico.

K

Kathleen Hanna – Líder do movimento Riot Grrrl e membro das bandas *queer-friendly* Bikini Kill e Le Tigre.

k d lang – Cantora gay e ícone lésbica.

Kim Petras – Estrela transgênero do pop alemão.

L

The L Word – Seriado dramático revolucionário e explícito sobre um grupo de mulheres gays vivendo em Los Angeles.

Lady Gaga – Embora não faça nada que David Bowie, Grace Jones e Madonna já não tenham feito décadas atrás em termos de música e estilo, Lady Gaga foi a primeira grande estrela do pop (ela também bi) a lançar-se no ativismo gay.

Laerte – Depois que já era famoso como quadrinista genial, decidiu que também queria ser UMA quadrinista genial, e passou a apresentar-se publicamente como mulher. Seus desenhos hoje são uma força crítica e divertida na luta contra todos os tipos de discriminação.

Leci Brandão – A sambista foi pioneira ao falar, em 1978, no jornal homossexual *Lampião da Esquina*, que era lésbica: "o fato de eu ser homossexual é uma coisa que não me incomoda, não me apavora, porque eu não devo nada a ninguém". Orgulho define!

Leo Sheng – ator trans, está no seriado *L-Word: Generation Q*.

Liza Minnelli – Não só ela possui os genes de Judy Garland, mas também conquistou seu posto através de sua vida pessoal tumultuada e seu papel vencedor do Oscar em *Cabaret*.

M

Macklemore – Este *rapper* (QUE TAMBÉM É MUITO SEXY) desafiou a homofobia no mundo do hip-hop com a música "Same Love", de 2013.

Madonna – Madonna virou mais ou menos um símbolo da força feminina: fazendo, dizendo e vestindo o que quer. Homens gays parecem gostar muito disso.

Maria Berenice Dias – Jurista conhecida internacionalmente pela sua defesa das minorias, sobretudo mulheres e homossexuais. É a inventora do termo "homoafetividade", responsável por retirar o estigma apenas sexual atribuído, pelo senso comum, aos relacionamentos homossexuais. Defendeu e conseguiu juridicamente direitos para muitos casais homoafetivos quando o casamento no Brasil ainda não era legalizado.

Marlene Dietrich – Deusa bissexual da tela prateada, conhecida por sua pose fatal em roupas masculinas.

Martina Navratilova – Esportista abertamente gay e a jogadora de tênis mais bem-sucedida de todos os tempos.

Michelle Rodriguez – Aparentemente está saindo com a *supermodel* Cara Delevingne. Esta atriz de *Velozes e furiosos* recusa-se a definir sua fluidez sexual, dizendo: "Homens são intrigantes. Meninas também."

Munroe Bergdorf – Modelo e ativista transgênero.

N

Ney Matogrosso – Além de ter uma voz que beira o sobrenatural, nunca teve medo de desafiar normas de gênero, pavoneando sua sexualidade exuberante dentro e fora do palco. Conhecido por suas notas agudas, suas plumas e seus pelos.

Nyle Di Marco – Modelo e ativista, foi vencedor dos programas *America's Next Top Model e Dancing with the Stars.*

O

Oprah Winfrey – Personalidade da TV. **NÃO LÉSBICA** e desbocada.

Oscar Wilde – Megafabuloso escritor e dramaturgo irlandês conhecido por *A importância de ser sério* e *O retrato de Dorian Gray.* Foi jogado na cadeia simplesmente por ser gay.

P

Paris is Burning – Documentário de 1990 sobre a cena de bailes de *drag queens* em Nova York, dando à comunidade todo um novo vocabulário.

Peter Tatchell – Este homem dedicou sua vida ao ativismo gay. Talvez você não saiba, mas todos devíamos pagar uma cerveja para ele.

Pierre et Gilles – Artistas franceses e casal gay, conhecidos por suas fotos-pinturas exuberantes e hiper-realistas.

Q

Queer as Folk – Seriado de TV com uma versão britânica e uma americana. A versão britânica foi uma revolução na época, mostrando sexo e relacionamentos entre gays, e levou ao estrelato seu criador Russell T Davies, que depois reviveu a série *Doctor Who*.

Quentin Crisp – Escritor e contador de histórias que ganhou fama com seu livro *The Naked Civil Servant*. O padrasto do fabuloso.

R

Renato Russo – Causou polêmica em 1989 ao lançar uma música dizendo "eu gosto de meninos e meninas", o que hoje pode parecer tímido, mas era bastante corajoso para um artista pop da época.

Ricky Martin – A sensação do pop latino é o novo garoto-propaganda da possibilidade de as pessoas do mesmo sexo terem filhos.

Roberta Close – Primeira mulher trans brasileira a posar para a *Playboy* em 1984. Sendo aberta sobre sua identidade de gênero numa época em que a transfobia era lei, ajudou a quebrar muitos tabus.

Rogéria – Atriz, cantora, *performer*. Nascida Astolfo Barroso Pinto, a transformista adorava brincar sobre amar o sobrenome e não pretender tirá-lo nem do nome nem do corpo. Uma das primeiras transgêneros do Brasil a ficar muito famosa. Drama *queen* total.

Rosie O'Donnell – Personalidade da TV. Lésbica e desbocada.

RuPaul – *Drag queen* e cantora de fama mundial, RuPaul atingiu uma nova geração como mentora do programa *RuPaul's Drag Race*. YOU BETTER WERK.

S

São Sebastião – Muitas vezes considerado o primeiro ícone gay de todos os tempos. Sempre retratado sem camisa, atormentado e muito gostoso. Um muso para muitos artistas gays.

Sex and the City – Criada e escrita principalmente por homens gay, essa série retratando a vida de quatro mulheres de Nova York é agora um clássico do *camp*. Samantha é bi, Miranda (Cynthia Nixon) é gay na vida real, e Geri Halliwell aparece num dos episódios.

Suzy Capó – Lésbica, foi a cofundadora do Festival Mix Brasil e quem inventou o termo "GLS" (gays, lésbicas e simpatizantes), fundamental nos anos 1990 para o começo de uma nova fase da militância que percebia que os direitos LGBTQIA+ poderiam ser adquiridos através de vetores econômicos. Organizou o primeiro beijaço, nos anos 1990, em um restaurante em São Paulo, frequentado fortemente por homossexuais, mas que eram proibidos de trocar carícias lá dentro.

T

Tilda Swinton – Atriz andrógina, misteriosa e impecável. Uma musa de Bowie. Como a Cher, ela agora é chamada apenas de "Tilda".

Tom Daley – O mergulhador olímpico anunciou que estava num relacionamento com Dustin Lance Black, roteirista do filme *Milk*, em 2013. Fantasticamente, Daley recusou-se a rotular sua sexualidade. Que moderno.

W

Will & Grace – Não é a comédia americana mais engraçada ou mais subversiva de todos os tempos, mas um seriado de horário nobre sobre dois homens gay nos anos 1990 e começo dos 2000; foi um passo na direção certa. Além disso, KAREN WALKER.

Willow Rosenberg – Interpretada por Alyson Hannigan em *Buffy, a caça-vampiros*, ela é um dos melhores retratos de uma garota gay no horário nobre da televisão.

Com o passar do tempo, alguns desses nomes vão desaparecer, e novas vozes e mentes estimulantes vão encher a lista. Ninguém pergunta sobre "ícones héteros" às pessoas hétero, e não é necessariamente justo esperar que pessoas famosas LGBTQIA+ sirvam como modelos de comportamento para o resto de nós – mas acho que aquelas que SÃO estão ajudando o mundo a nos ver um pouco melhor. Eis aqui algumas linhas para você acrescentar seus próprios ícones gays.

Boicotes

Além de apoiar pessoas e organizações *gay-friendly*, é importante fazer listas de boicotes a pessoas e empresas homofóbicas ou transfóbicas.

- NÃO baixe música de *rappers* que usam palavras como *"faggot"*. Esse termo é ofensivo. Você está pagando para eles serem homofóbicos.

- NÃO veja filmes baseados em livros de autores notavelmente homofóbicos (e não compre os livros deles).

- NÃO pague para ver comediantes que sejam abertamente homofóbicos ou reproduzam mitos homofóbicos sobre a comunidade gay.

- NÃO viaje para países com maus índices de desempenho em questões de direitos humanos.

- NÃO COMPRE produtos de países com mau desempenho em direitos humanos. Por exemplo, quando eu estava escrevendo este livro, muitas pessoas LGBTQIA+ estavam se recusando a comprar vodca russa por causa da postura discriminatória desse país contra os gays.

Não vou listar cantores, atores e personalidades homofóbicas aqui porque não quero lhes dar o oxigênio da atenção pública. O que é reconfortante é pensar que uma vez que uma pessoa homofóbica revelou sua verdadeira natureza, ela tende a sumir de vista.

É uma lição valiosa: ninguém quer ser associado com uma pessoa intolerante, muito menos uma gravadora ou estúdio de cinema.

CONSTRUINDO UMA PONTE:
ORIENTAÇÃO PARA PAIS DE (OU PESSOAS RESPONSÁVEIS POR) JOVENS LGBTQIA+

Olá, pais e pessoas responsáveis – tudo bem? Bom, acho que existe a possibilidade de vocês terem comprado este livro porque alguém na sua prole se identifica como lésbica, bi, gay, *queer*, curioso ou transgênero. Talvez vocês tenham comprado o livro porque suspeitam que seu filho tem essa inclinação. O que quer que seja, fico feliz que tenham feito isso. Vieram ao lugar certo.

Ser pai ou mãe de alguém LGBTQIA+ é um desafio. Falando DO JEITO MAIS DELICADO POSSÍVEL, o mais importante nessa questão não são vocês. Se vocês estão realmente preocupados com O QUE OS VIZINHOS VÃO DIZER, então não há muita coisa que eu possa falar ou fazer para ajudar vocês com isso, além de sugerir que superem essa preocupação. Os dias em que as pessoas LGBTQIA+ eram mantidas dentro de armários ou entre quatro paredes acabaram.

Ok, sejamos um pouco mais específicos.

Filho homem, gay ou bi? É o lance do sexo que está preocupando? Vejam só – **pessoas héteros também fazem sexo anal**. E duas meninas estão fazendo mais ou menos o que sua filha estaria fazendo com um cara, sinto dizer. Basicamente, NENHUM pai ou mãe precisa ficar visualizando isso, portanto a raça humana inteira tem de aceitar a ilusão compartilhada de que nossos filhos só vão ficar de mãos dadas até a cegonha chegar, senão vamos ficar malucos.

HIV/AIDS são coisas que preocupam? Faz sentido, mas vocês deviam se preocupar com os seus filhos héteros também – o HIV não é nada seletivo. Mas, se vocês ensinarem seus filhos a SEMPRE usar camisinha, já cumpriram seu papel.

Este livro é gay

Os MELHORES pais e mães do mundo seriam pessoas preparadas para ter um filho gay desde a concepção, de modo que, quando o bebê vem ao mundo, esses pais não o rotulariam incorretamente como hétero ou cisgênero (o gênero que é atribuído ao bebê no nascimento). Estejam PRONTOS para todas as eventualidades.

Logo no começo deste livro, descrevo o dia em que escutei uma mulher dizendo ao filho pequeno que, quando for mais velho, ele vai "beijar meninas". Bom, há uma chance de 5% de que ele vai querer beijar meninos, portanto essa mãe estava potencialmente colocando-o no caminho de uma adolescência muito difícil. Só o que os pais precisam fazer é ser SINCEROS e explicar desde uma idade pequena, de um jeito totalmente apropriado, que 5% das pessoas vão querer beijar pessoas do mesmo sexo. Garanto que contar esse segredo às crianças NÃO vai "fazer elas virarem gays". Realmente, REALMENTE não é assim que funciona. Existe MUITA coisa pior do que comprar uma cópia do belo livro ilustrado *And tango makes three* e ler junto com seu filho.

Se vocês, pai ou mãe, estão começando a suspeitar que seu filho é LGBTQIA+, seria fantástico demonstrar o quanto acham isso tranquilo. Deixem claro, sutilmente, que vocês têm a mente aberta; deixem claro que estão ali para ouvir; não desliguem a TV quando aparecer um casal de lésbicas. O que na verdade acontece muito. Em vez disso, usem os personagens gays na TV como assunto de conversa para mostrar que vocês não têm nada contra a comunidade gay – assim há uma chance muito maior de que seu filho vá se abrir com vocês.

Se seu filho já "revelou" sua identidade, então ler este livro vai ajudar. Vai fornecer a vocês um vislumbre do futuro – as pessoas que dão depoimentos neste livro já passaram por tudo isso, e todos sobrevivemos. Além do mais, a maioria de nós sobreviveu mantendo intacto o relacionamento com os pais, mesmo que tenha havido períodos difíceis. Desnecessariamente difíceis, eu argumentaria.

Mas não ouçam só minha opinião. Perguntei a cada um dos participantes do meu estudo que conselhos eles teriam dado aos pais antes de saírem do armário. Eis o que disseram:

"Não force a questão, mas aproveite qualquer oportunidade para mostrar que você é aberto a qualquer escolha que ele queira fazer. Saí do armário do jeito mais fácil possível, facilitado por uma mãe que nunca me pressionou para descobrir, mas me deu uma oportunidade de contar. Antes de sair do armário, esta parece a coisa mais difícil que a pessoa vai ter de fazer na vida, e fazer as pazes com sua própria sexualidade pode levar um tempo."

Chris, Manchester, Reino Unido.

"Deixe-os em paz. Isso talvez soe estranho, mas, se eles quiserem falar com você sobre isso, vão falar. A melhor coisa que você pode fazer é tentar deixar claro para eles que aceita isso (de um jeito sutil, não dizendo na cara deles "Tudo bem se você for gay, sabe?"). Se você não aceita isso, é hora de pensar a esse respeito. Por que você não aceita? Qual é o verdadeiro problema aqui?"

Kayla, 21, Winnipeg, Canadá.

"Ele ainda é seu filho, só que reimaginado. Forçá-lo a voltar para dentro do armário porque você acha isso incômodo é uma atitude de m•rda. Fingir que ele ainda é hétero é uma coisa podre. Mandá-lo para um acampamento religioso de 'cura para gays' é não apenas uma m•rda muito grande mas uma experiência que deixa cicatrizes mentais e emocionais. O mundo não deve a você um filho hétero; você produziu uma pessoa, não apenas se reproduziu. A sua birra porque as coisas 'não são do jeito que você quer' vale o relacionamento com seu filho? Você ainda tem direito de ter opiniões sobre os parceiros do seu filho; por exemplo, se são boas pessoas, se têm objetivos, se fazem seu filho feliz. Pois é, como você faria se ele fosse hétero."

Elizabeth, 23, Chicago, Illinois, EUA.

"Instrua-se através de fontes confiáveis. Aja com tranquilidade a esse respeito, mesmo que esteja meio que pirando por dentro. E PERGUNTE A SEU FILHO o que ele gostaria que você dissesse aos outros, como ele gostaria de ser representado por você para o mundo em geral. E então RESPEITE ISSO. Isso constrói confiança com o seu filho e permite que ele fique confortável em sua vida e avance em seu próprio ritmo. Permita-lhe controlar sua própria narrativa."

Anon, 24, Boston, Massachusetts, EUA.

"Espere que ele lhe conte. Se você perguntar, vão entrar em pânico. Não é justo forçar uma pessoa a sair do armário. Se você realmente quer que confiem em você, tome o cuidado de criar um espaço confortável para conversar. É sua responsabilidade criar um ambiente em que possam confiar em você."

E, 16, Michigan, EUA.

"Crescer não é moleza para qualquer criança que não seja heterossexual, portanto simplesmente ouça. Permita que ela fale livre e abertamente sobre quem ela é, reaja apenas com amor e compaixão, e enfatize que não tem nada de errado com ela."

Stuart, 33, Reino Unido.

Os entrevistados da pesquisa acabam PRINCIPALMENTE pendendo para o lado de NÃO tentar forçar a criança, embora alguns digam claramente que prefeririam uma abordagem mais direta:

"Às vezes perguntar logo de cara é melhor do que ficar o tempo todo comendo pelas beiradas. Se minha mãe me perguntasse 'Você é gay?' ou 'Você é bi?', eu responderia sinceramente. Já que ela nunca fez isso, sempre foi meio um assunto-fantasma para nós."

Stephanie, 24, Pittsburgh, Pensilvânia, EUA.

Acho que é você, como pai ou mãe, quem tem de saber se seu filho vai reagir bem a uma abordagem direta.

Como comentário final, esteja ciente de que a identidade do seu filho não é sua "culpa" e, mesmo que fosse, não é uma coisa ruim. Fui gay por um bom tempo, e foi bastante divertido. Para ser sincera, nas minhas carreiras como professora e escritora, isso teve muito pouco impacto. Eu fazia parte de uma banda, e estudei neuropsicologia clínica na universidade, me formando com louvor. Minha sexualidade nunca me impediu de fazer nada, JAMAIS.

A identidade do seu filho é uma parte dele que sempre esteve ali. Seu filho não mudou, só que agora você está vendo as coisas de um ângulo maior – É HORA DE VIRAR BORBOLETA.

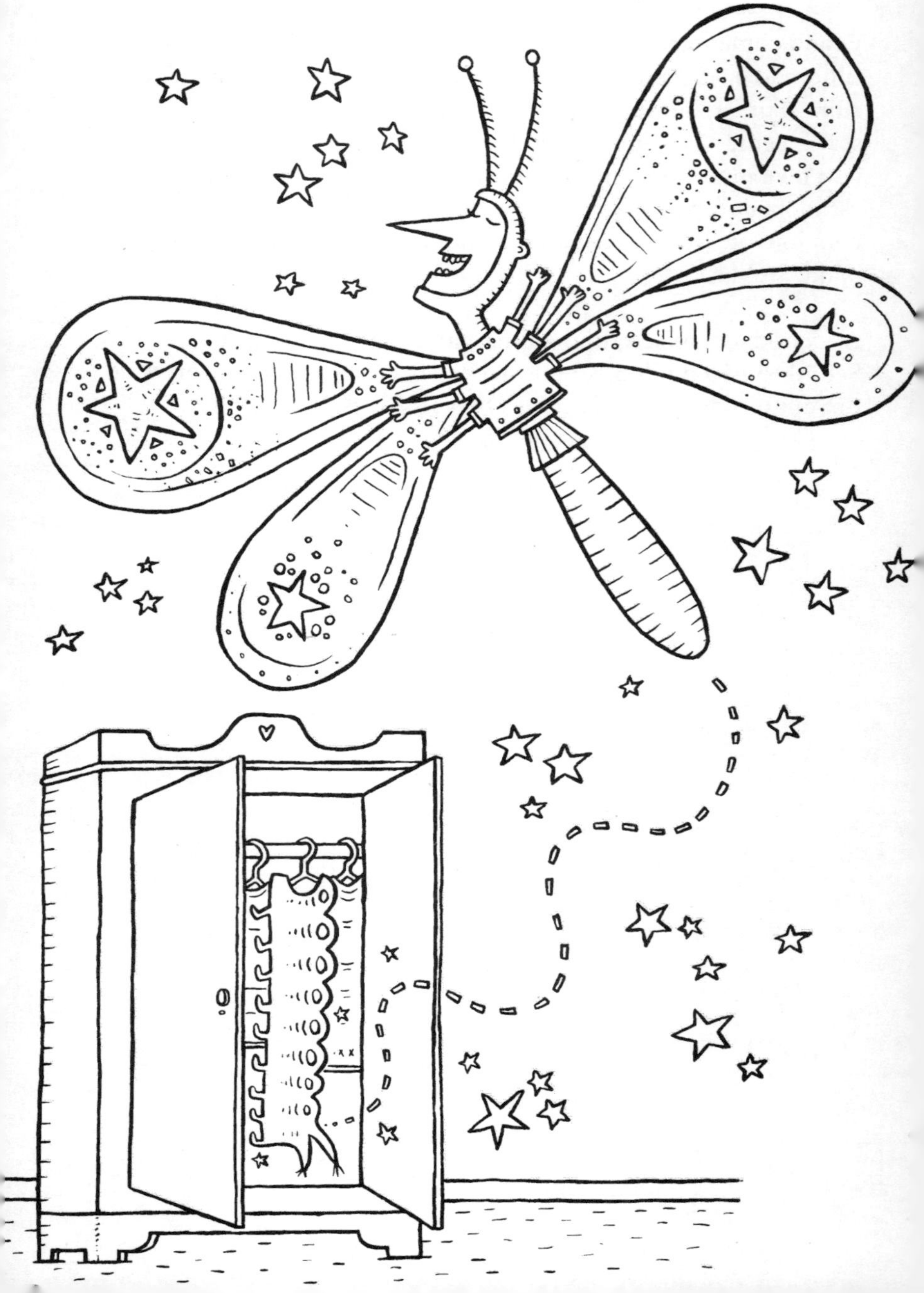

A COLA DA PROVA

Todos os termos estranhos, sem enrolação.

69: Duas pessoas fazendo sexo oral ao mesmo tempo.

AIDS: Síndrome provocada pelo vírus HIV.

Assexual: Pessoa que não tem interesse por sexo ou tem pouco desejo sexual.

Ativo/*top*: Ser o parceiro que "coloca" durante o sexo.

Bissexual: Pessoa que curte tanto homens quanto mulheres.

Boquete: Sexo oral num homem.

Circuncidado: Termo para descrever um menino que teve seu prepúcio removido cirurgicamente.

Cisgênero: O sexo que é atribuído à pessoa quando ela nasce.

Clitóris: Zona erógena feminina.

Coprofilia: Gostar de comer cocô.

Cunilíngua: Sexo oral numa mulher.

Curioso/questionador: Pessoa no processo de se perguntar sobre sua sexualidade.

Dildo: Brinquedo sexual.

Dom: Ser o parceiro dominante durante o sexo.

Drag queen/king: *Performer* que usa roupas tradicionalmente atribuídas ao gênero oposto.

DST: Doença sexualmente transmissível.

Ducha íntima (também conhecida como "xuca"): Lavar a entrada dos fundos ou a pombinha antes do sexo.

Esportes aquáticos / *golden shower:* Fazer xixi na pessoa de um jeito considerado sexy.

Felação: Termo sofisticado para sexo oral num homem.

Gay: Termo para descrever um homem ou mulher homossexual.

Glory hole: Buraco numa parede ou divisória de banheiro onde um homem enfia o pinto.

Gozo (e gozar): Gíria comum para o sêmen (e para um orgasmo, respectivamente).

Grindr: Aplicativo de rede social para homens gay e bi.

HIV: Vírus que afeta o sistema imunológico.

Interseccionalidade: As diversas partes da sua identidade e o impacto que elas têm na sua vida.

Intersex: Termo para descrever uma pessoa nascida sem um gênero claro, ou com atributos de ambos os gêneros.

Lábios: Não são apenas os da boca. Assim também se chamam as dobras na entrada da vagina.

Lésbica: Mulher homossexual.

Lubrificante: Gel que facilita o sexo.

Orgasmo: Clímax sexual.

Orgia: Sexo grupal.

Passivo/*bottom*: Ser o parceiro que "recebe" durante o sexo.

Pênis: Zona erógena masculina.

***Poppers*:** Gíria para o nitrito de amila – um perfume que dá uma sensação de cabeça leve.

Prepúcio: Pele que envolve a ponta do pênis.

***Queer/genderqueer*:** Pessoa que se recusa a rotular sua sexualidade ou gênero.

Rimming (ou "cunete", um nome meio feio): Lamber o buraquinho de trás.

"Sair do armário": Processo de contar às pessoas sobre a sua identidade.

Scissor sisters: Literalmente "irmãs tesoura", uma posição sexual para duas mulheres OU uma banda *eletropop* do começo dos anos 2000.

Strap-on: Brinquedo sexual usado num cinto.

Sub: Ser o parceiro submisso durante o sexo.

Transexual: Qualquer pessoa que mude de identidade de gênero.

Travesti: Pessoa que usa as roupas tradicionalmente atribuídas ao gênero oposto. Em geral, refere-se a um homem com roupas "femininas".

Vibrador: Brinquedo sexual que vibra.

Telefones, sites e outras coisas úteis

Delegacia de Crimes Raciais e Delitos de Intolerância (DECRADI)
http://www.atendimentoavitimas.com.br/servicos-de-ajuda/decradi-delegacia-de-crimes-raciais-e-delitos-de-intolerancia/
Associação Brasileira de Gays, Lésbicas, Bissexuais, Travestis e Transexuais (ABGLT)
http://abgltbrasil.blogspot.com.br/

ONGS NO BRASIL:

NORDESTE

BAHIA
Grupo Gay da Bahia
Tel.: (71) 322-2552

SUDESTE

MINAS GERAIS
Movimento Gay de Minas (MGM)
Tel.: (31) 3215-1575
E-mail: mgm@mgm.org.br
Site: www.mgm.org.br

RIO DE JANEIRO
Grupo Arco-Íris de Cidadania LGBT
R. Ten. Possolo, 43, 1º Andar – Centro, Rio de Janeiro – RJ, 20230-160
Tel.: (21) 2215-0844
Site: www.arco-iris.org.br/

SÃO PAULO
Associação da Parada do Orgulho
GLBT de SP
E-mail: paradasp@paradasp.org.br

SUL

PARANÁ
Grupo Dignidade
Tel.: (41) 222-3999
E-mail: tonidavid@avalon.sul.com.br
Site: www.grupodignidade.org.br

RIO GRANDE DO SUL
NUANCES
Tel.: (51) 3286-3325
E-mail: nuances@nuances.com.br
Site: www.nuances.com.br

SANTA CATARINA
Instituto Arco-Íris
Tel.: +55 (48) 3028-2144
E-mail: contato.arcoiris@gmail.com

ESTA LISTA NÃO É COMPLETA, DE MODO ALGUM. HÁ NOVOS GRUPOS FORMANDO-SE O TEMPO TODO, INFORME-SE.

Leis anti-homofobia nos estados e municípios do Brasil

No site da Associação Brasileira de Lésbicas, Gays, Bissexuais, Travestis e Transexuais (ABGLT), temos as seguintes Constituições Estaduais que preveem a proibição da discriminação por orientação sexual, mas não punem quem não a respeitar (eita!): Mato Grosso, Sergipe, Pará e Alagoas. E tem os estados com leis antidiscriminatórias que protegem a população LGBTQIA+: Rio Grande do Sul, Distrito Federal, Minas Gerais, São Paulo, Mato Grosso do Sul, Piauí, Pará, Paraíba, Maranhão e mais recentemente Rio de Janeiro.

Também segundo a mesma fonte, as seguintes cidades contam com proibição à discriminação por orientação sexual em suas leis orgânicas, embora também não atribuam penas a quem a desrespeitar: no Amapá – Macapá; na Bahia – América Dourada, Araci, Caravelas, Conceição da Feira, Cordeiros, Cruz das Almas, Igaporã, Itapicuru, Rio do Antônio, Rodelas, Salvador, São José da Vitória, Sátiro Dias e Wagner; no Ceará – Barro, Farias de Brito, Fortaleza, Granjeiro e Novo Oriente; no Distrito

Federal – Brasília; no Espírito Santo – Guarapari, Mantenópolis e Santa Leopoldina; em Goiás – Alvorada do Norte; no Maranhão – São Raimundo das Mangabeiras; em Mato Grosso – Pedra Preta; em Minas Gerais – Cataguases, Elói Mendes, Indianópolis, Itabirinha de Mantena, Maravilhas, Ouro Fino, São João Nepomuceno e Visconde do Rio Branco; na Paraíba – Aguiar; no Paraná – Atalaia, Cruzeiro do Oeste, Ivaiporã, Laranjeiras do Sul e Miraselva; em Pernambuco – Bom Conselho; no Piauí – Pio IX e Teresina; no Rio de Janeiro – Arraial do Cabo, Barra Mansa, Cachoeiras de Macacu, Cordeiro, Italva, Itaocara, Itatiaia, Laje do Muriaé, Niterói, Paty do Alferes, Rio de Janeiro, São Gonçalo, São Sebastião do Alto, Silva Jardim e Três Rios; no Rio Grande do Norte – Grossos e São Tomé; no Rio Grande do Sul – Sapucaia do Sul; em Santa Catarina – Abelardo Luz e Brusque; em São Paulo – Cabreúva, São Bernardo do Campo e São Paulo; no Sergipe – Amparo de São Francisco, Canhoba, Itabaianinha, Monte Alegre de Sergipe, Poço Redondo e Riachuelo; no Tocantins – Peixe e Porto Alegre do Tocantins.

E A GENTE TORCE PARA QUE MAIS CIDADES E ESTADOS ENTREM NESTE ARCO-ÍRIS CONTRA A INTOLERÂNCIA.

ESCREVENDO ESTE LIVRO

A pesquisa de *Este livro é gay* foi realizada na primavera/verão de 2013. Dentre os trezentos participantes, alguns casos foram escolhidos e entrevistados com mais profundidade. Alguns nomes foram mudados para proteger a identidade das pessoas entrevistadas. Um enorme obrigada a todos vocês que colaboraram.

AGRADECIMENTOS

Tantas pessoas para agradecer aqui. Primeiro um grande obrigada a todo mundo que contribuiu com seu tempo e com suas histórias para este livro. Eu simplesmente não teria conseguido isso sem vocês, sério mesmo. Um agradecimento especial para o All Sorts Youth Group em Brighton, e para Wayne Dhesi da Stonewall.

Agradeço outra vez a Tori Kosara, minha editora, que sugeriu o projeto inicialmente e também o apoiou no processo todo. Eu não tinha certeza de que havia um livro aqui, mas descobri que há sim, e é um livro do qual ambas podemos nos orgulhar. As fantásticas ilustrações devem-se mais uma vez a Spike Gerrell, que deu vida às palavras.

Obrigada a todo mundo da Hot Key e da Red Lemon. Não ficção é mesmo um esforço de equipe. Obrigada a Jet e Dan pela capa e pelo projeto do livro, e a Emma por coordenar tudo. Equipe SPAM: amo vocês de montão.

Por fim, obrigada como sempre a Jo, minha fantástica agente!

Juno Dawson, *Queen of Teen 2014*, é autora dos thrillers adolescentes *Hollow Pike, Say Her Name* e *Under My Skin*. Em 2015, lançou seu primeiro romance contemporâneo, *All of the Above*. Seu primeiro livro de não ficção, *Being a Boy*, lida com questões como puberdade, sexo e relacionamentos.

Juno contribui regularmente com publicações como *Attitude, GT, Glamour* e *The Guardian*, e já contribuiu com reportagens sobre sexualidade, identidade, literatura e educação em programas como *BBC Woman's Hour, Front Row, This Morning and Newsnight*. Ela é Modelo de Comportamento Escolar para a instituição beneficente Stonewall e também trabalha com a instituição First Story, visitando escolas que atendem a comunidades de baixa renda. Os livros de Juno receberam ótimas resenhas e foram traduzidos para mais de dez idiomas. Em 2015, Juno anunciou sua transição para se tornar mulher. Ela escreve em tempo integral e vive em Brighton, Reino Unido. Siga Juno no Twitter: @junodawson. Ou no Facebook em Juno Dawson Books.

Agradecimentos do revisor técnico, Vitor Angelo: Paulo Iotti, Luís Arruda, Sergio Miguez, Ivone Pita, Rebeca Caparica, Dede Sendyk, Rita Colaço, Léo Moreira Sá, Caio Faria e Simmy Larrat.